凡人が上位1%の「成功者」になる抜け道

チュ・オンギュ 著　藤田麗子 訳

ダイヤモンド社

슈퍼 노멀

SUPER NORMAL

凡人が上位1%の「成功者」になる抜け道

NORMAL

［名詞］普通、平凡、正常

上位に属する人々

スーパー
ノーマル

天才

SUPER

［形容詞］上位の、極上の

平凡の範疇（はんちゅう）で

ノーマル

生まれつきのセレブでもなく、
ずば抜けた天才でもないが、
平凡の範囲内でいい暮らしを送っている人。

僕はこんな人々を
「スーパーノーマル」と呼んでいる。

スーパーノーマルはこの社会のあちこちにいる。
バスや地下鉄の中にも、図書館にも、街なかにもいる。
自分の成功をひけらかさないスーパーノーマルたちは、
じつに平凡な顔をしている。

僕も彼らのようになりたかった。
僕は一時期そんな人々を探して
質問を浴びせ、秘訣を教えてほしい、と頼み込んで、
スーパーノーマルになる方法をまとめ上げた。
この方法を使いながら
生きるようになって9年が経つ。

これまでの結果は、大成功と言える。
僕はたしかにスーパーノーマルになった。

僕はスーパーノーマルになる方法を
他の人々にも伝授して、優れた結果を生み出した。

僕と同じように平凡だった人々も
スーパーノーマルになる方法を実践したことによって、
それぞれの分野で最高の成果を上げている。

本書は、漠然とした目標や
マインドについて語るものではない。
人生の方向を完全に変える、
具体的な実践法が盛り込まれている。

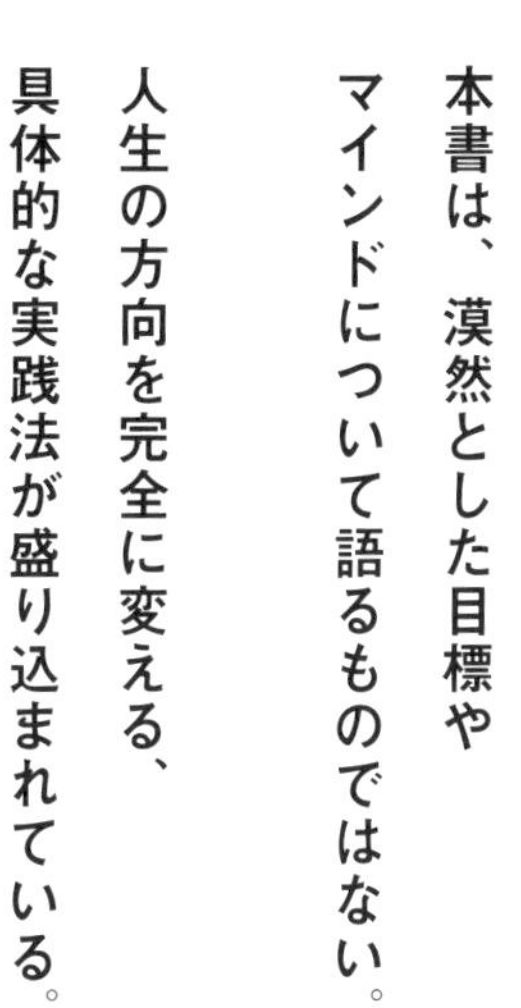

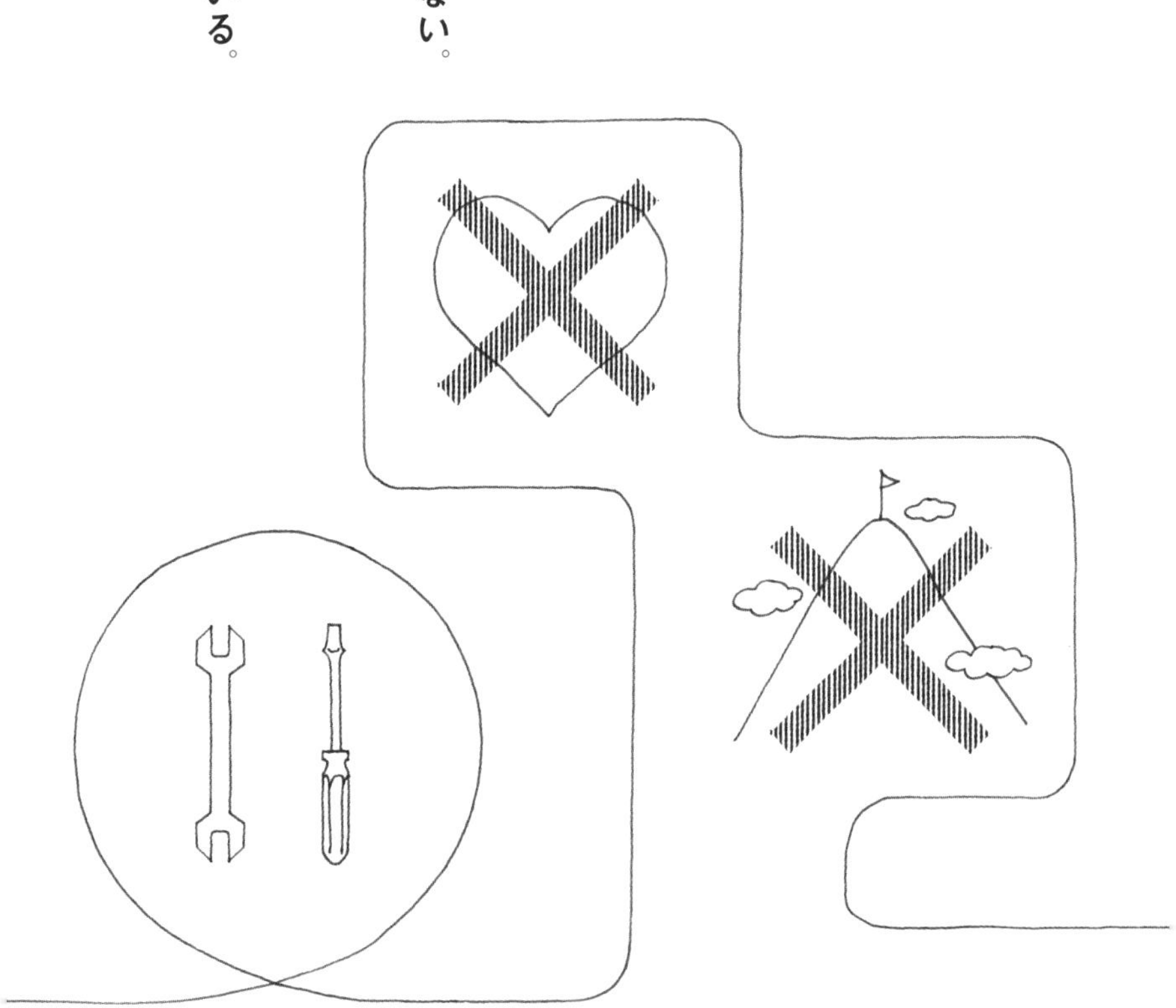

あなたが本書の内容をすべて理解して実践すれば、
最高の結果を出す可能性がぐんと高まることだろう。
この本には、僕と友人、社員たちがふつうの人から
〝優れたふつうの人〟へと成長するに至った、
すべての原理とプロセスが記されているからだ。

本書を読み終えたとき、
あなたの人生がどう変化するのか楽しみだ。

スーパーノーマルの域に達した
あなたに会いたい。

プロローグ

成功した人生を夢見るあなたへ

人生終わったな、と思った。

あちこちからひっきりなしにかかってくる電話とメッセージから逃れるために、スマホの電源を切った。誰もかれも、僕がどこまで落ちぶれたのかを確かめようとしているようにしか思えなかったからだ。

ようやく軌道に乗り始めた事業をたたむことになった。

数億ウォン（約数千万円）の違約金を毎日のように支払わなければならず、生きた心地がしなかった。それよりつらかったのは、僕を信じてついてきてくれた社員に辞めてもらうときだった。

現金が入ってこなくなったから給料を払えそうにない、という言葉をやっとのことで伝えた。それでもいつかまた必ず呼び戻すから信じてくれ、そのときはどうかまた力を貸して、と頼んだ。

ＹｏｕＴｕｂｅにアップロードした過去の動画をぼんやり眺めた。

ＹｏｕＴｕｂｅの中の自信に満ちた自分と、今の自分は、まるで別人のようだった。筋肉は使わなければ衰える。ＹｏｕＴｕｂｅのコンテンツをどんなふうにつくるのか、もう思い出せなかった。

僕のコンフォートゾーンはどんどん狭くなっていった。

コンフォートゾーンとは、個人が居心地のよさを感じる領域のことだ。僕はこの一件をきっかけに、安全地帯の広さは固定されているわけではないことに気づいた。

自信満々でＹｏｕＴｕｂｅやインスタグラムに読書レビューをアップしていた頃は、わからなかった。確信に満ちていたあの頃の安全地帯は、今よりはるかに広かった。

僕のそばには応援してくれる家族がいて、頼れる仕事仲間がいた。そして、いつだってうまくやれるという自信があった。

でも、仕事の雲行きが怪しくなってきたと気づいた瞬間から、安全地帯はしだいに狭まっていった。僕は『ザ・グローリー～輝かしき復讐～』や『カジノ』などの韓国ドラマを見て気を紛らわし、崩れゆく現実から目をそらしていた。

このまま落ちぶれるわけにはいかないと思った。

僕はなんとかしようともがき始めた。

それ以来、暇さえあれば自分に起こっていることやあれこれ考えたこと、今後の計画などを書きまくるようになった。

〝人のせい〟にしたり、自分を責めたりしないように心がけた。自分を恨むだけならまだいいが、他人に矛先を向けるなんて最悪だ。

人のせいにしても何も解決しない。僕だけを信じている家族と「いつかまた呼び戻すから」と約束した社員を守れないなら、この人生は本当にダメになってしまう。

ネットフリックスの画面を閉じて、プールに行くようになったのもその頃だ。僕の泳ぎは、せいぜいそこらのおじさんレベルだった。

僕は自分のペースで記録を更新しようと決心し、毎日のようにプールで3、4時間ずつ特訓を受けた。

手で水をかく回数を数え、ターンやキックで水を押し出す方法を習った。コースを行き来するたびにタイムを計り、息つぎの回数を減らすために肺活量を上げる訓練も行った。体系的なトレーニングを受けながら、スキルを上げようとありったけの力をふりしぼった。

身近な人々はこんな僕をいぶかしんだ。どうして得意でもない水泳にそこまで必死になるのか、と聞かれた。彼らの目には、もう身を隠す場所のない僕が、水面の下に隠れようとしているように見えたのだろう。

水泳は雑念を消してくれる。水中で息苦しくなると、「息を吸いたい」という生存本能が自分を動かすだけ。他の何ものも僕を邪魔することはない。

そして、水泳が僕に教えてくれた真実がもう1つある。

最初はお粗末でも、数時間ずつ体系的な訓練を受けて努力をすれば、実力は大き

く伸びるということだ。

僕は水泳という領域では、たしかに〝成長〟していた。

何もかもが行きづまり、もう終わりだと思っていたが、ある面では（それが事業とは関係のない水泳だとしても）成長を遂げていた。

まだ終わりじゃない。僕の心は、狭くなった〝安全地帯〟から今すぐ出ろと叫んでいた。

安全地帯から一歩踏み出せば〝成長〟が訪れる。

そして、その〝成長〟は体系的な訓練によって手にすることができる。

外の世界でも水中でも、何もできないように思えた僕は、トレーニングによっていつしか水泳の実力を格段に上げていた。

僕は今の自分をここまで引っ張ってきた原動力はなんなのか、という問いの答えを水泳の練習の中に見出（みいだ）した。

安全地帯から抜け出して、グロウスゾーン、つまり「成長ゾーン」に入れば、たとえどんな人であっても、カッコ悪く見えるものだ。

それは、うまくできないことをやっているからだ。音痴な人が毎日歌っていたら、人は彼を変わり者だと考えるだろう。ダンスの下手な人がＹｏｕＴｕｂｅに自分が踊る動画を毎日のようにアップしていたら、見た人はうんざりするにちがいない。

しかし成長は、うまくできないことを続けたときに始まる。

得意なことばかり続けて安全地帯にとどまっていたら、そのうち必要とされなくなってしまう。「みっともない」と後ろ指を指されることを、恐れる必要はない。

僕は周囲の視線を気にせず、再び成長ゾーンに入ろうと決心した。

さまよいながら書いた数百枚のメモを広げ、本書の執筆を始めた。今までどんなふうに安全地帯を出て成長ゾーンに飛び込んできたのか、どんな方法で自分を訓練してきたのかを整理した。

そして、僕が成し得た大小の成功には、一定のプロセスがあることを導き出した。

僕はこの方法を再び人生に取り入れて、成功を繰り返していくつもりだ。

思い返せば、どんなことを始めるときも、最初は周りに「バカを言うんじゃない」と言われてきた。ポジティブな応援の声より、ネガティブな忠告のほうが圧倒的に多かった。

もしも特別な才能や学歴があるとか、実家が裕福だとか、何か1つでも突出したところがあったら、世間は僕をもっと推してくれたかもしれない。

でも、平凡な会社員でしかない僕の成功を信じる人は多くなかった。

しかし、バカだと言われてもやめずにいたおかげで、ある瞬間、安全地帯を抜け出して成長ゾーンに突入することができた。

平凡な会社員からスマートストア（韓国NAVERが提供するショッピングプラットフォーム）を成功させたネット販売業者として、そしてチャンネル登録者数180万人のユーチューバーとして、再びIT市場に飛び込んだ事業家として……。一定レベルの成功を収めた人間として認められることになった。

練習と訓練は、人間をある程度（なかなかのレベルまで）成長させる。

僕が体系的な訓練を受けて血のにじむような練習をしたからといって、水泳のオリンピック選手になれるわけではないが、町内のプールで注目を浴びる程度の実力は身につけられる。僕はこのレベルの優れた人を**「スーパーノーマル」**と呼ぶ。

平凡な人が卓越したレベルに達する方法、僕はその訓練と練習の法則を、絶望の中で執筆していった。この本には、スーパーノーマルになる方法が書かれている。

今いる場所にとどまっていてもいい。でも、身体を動かさなければ筋力が衰えていくように、あなたの安全地帯は必然的に狭くなっていくことだろう。身近な人々と内面の自我は、いつもあなたにこうささやくはずだ。

「そのままで大丈夫だよ。**きみは価値ある存在だし、愛される資格がある」**

こんな言葉に甘えて、安全地帯にとどまり続けることを選んでもかまわない。

しかし、僕は優しいなぐさめを振り切って〝成長〟するときの居心地の悪さを糧にして、前進する道を選んだ。

今その場にとどまることが、はたして安定を保障してくれるだろうか？
あなたをなぐさめて応援してくれる人々もずっと同じ場所にとどまっているあなたを見て、いずれは去ってしまうかもしれない。うずくまって泣き続けているだけの子どもをいつまでも甘やかす親は（もしかしたらいるかもしれないが）いないからだ。

あなたの成長を応援する。

再び成長ゾーンに足を踏み入れた
チュ・オンギュ拝

SUPER NORMAL

凡人が上位1%の「成功者」になる抜け道

目次

第2章 爆発的な成果を生み出す「スーパーノーマル5段階の法則」

ステップ1 「突然変異」を発見する

ステップ2 プロセスを「運」と「実力」に分解する

ステップ3　まずは「実力の領域」を征服する

ステップ4 「運の領域」では挑戦の回数をとことん増やす

ステップ5 成功を無限リピートする

第3章　こうして自分の限界を超えていく

※ 本文中の〔　〕は訳者による注釈です。
※ 韓国通貨ウォンの日本円換算は、原書が発売された2023年当時の1ウォン＝約0.1円で記載しています。

第 1 章

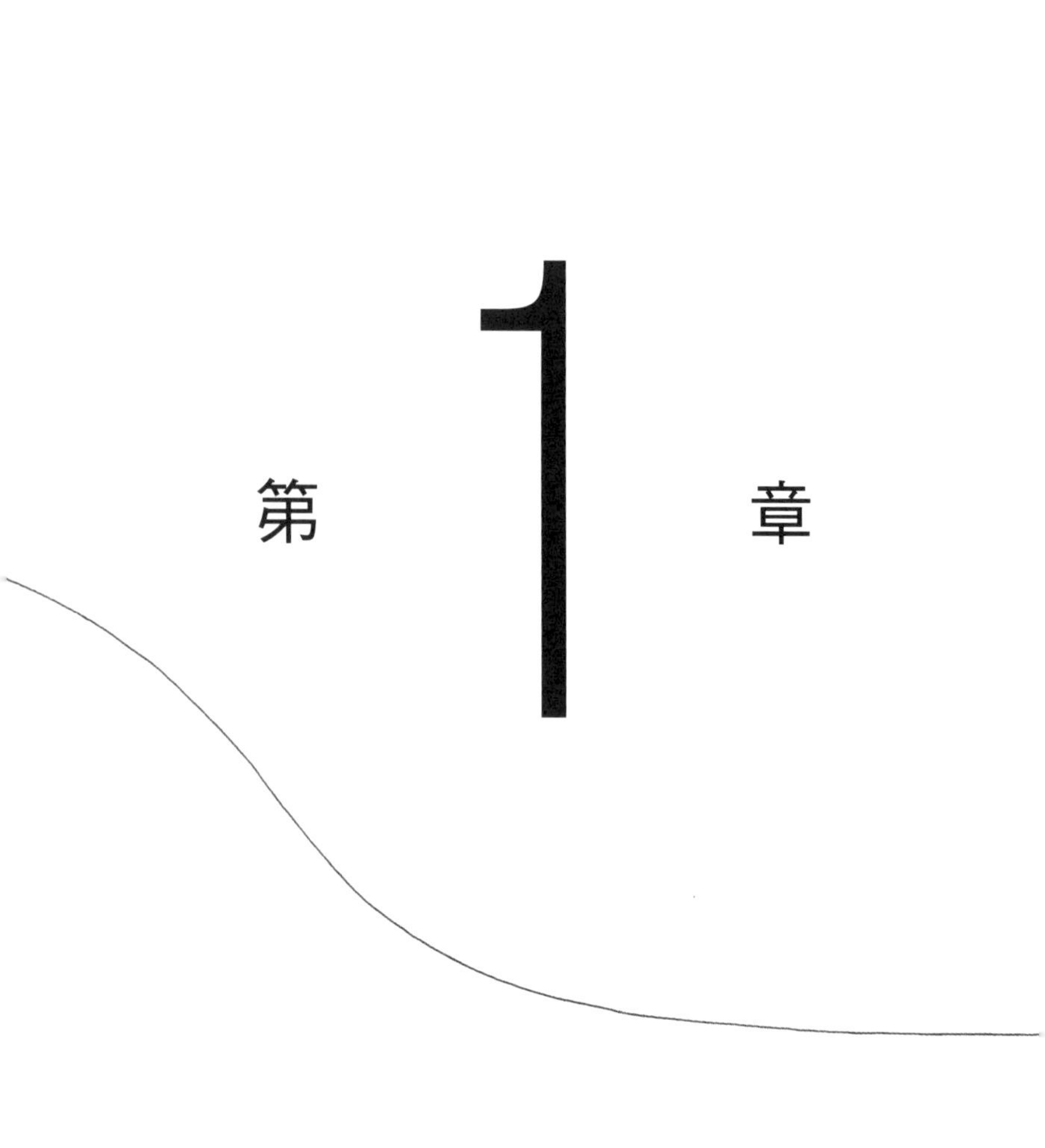

ふつうの人が「自分の道」に目覚める瞬間

「平凡な人でも、お金持ちになれますか？」

僕は、この問いに「いいえ」と答えるために生きていた時期がある。

経済テレビ局のプロデューサーとして働いていた頃だ。当時、僕は驚異的な大金を稼いだ人のエピソードを探し続けていた。彼らの〝特別な一面〟をヒーロー物語に仕立てて放送し、高視聴率を獲得しようと奮闘していた。

ところがインタビューを重ねるたびに、僕は深く悩むようになった。

彼らの中から、ヒーロー的な一面を見つけ出すのは本当に難しかったからだ。

自力で財を成したお金持ちと会えば会うほど、そもそもの前提が間違っているような気がしてきた。

すなわち、**「大金を稼いだ人は天才で、他の人とはちがう特別な一面が必ずある」**という前提のことだ。テレビ向けに特別な演出でもしないかぎり、彼らの天才的な一面を際立たせるのは至難の業だった。

劇的な演出のない番組が好評を得るのは難しい。僕は結局〝スーパーヒーロー〟を見つけ出すことができず、番組は失敗した。しかし、1つ得たものがあった。

「ひょっとして、真の価値は平凡さにあるんじゃないだろうか？」

それまで一度も考えたことのない、こんな疑問を抱くようになったのだ。

それ以来、番組のためのインタビューではなく、自分自身の人生を変えるために本気で聞きたいことを聞いた。そして、その回答から得たことをすべて自分の人生に取り入れていった。

「平凡な人でも、お金持ちになれますか？」

時が流れて、この質問に再び直面したとき、僕は**「なれる」**と断言できた。

1カ月に数千万ウォン（約数百万円）を稼ぎ、数十億ウォン（約数億円）の資産を持つ人は、地下鉄の1車両か2車両に1人はいる。彼らは生まれつき裕福だったわけでもなく、並外れた天才でもない。僕たちと同じ平凡の範疇にいるように見えて、実は一歩先を行く人々。

僕は彼らを**「スーパーノーマル」**と呼ぶ。

僕はYouTubeの運営やビジネスをしながら、大勢のスーパーノーマルと出会ってきた。そして、インタビューや観察を重ねるうちに気づいた。

ふつうの人が、ある一定のプロセスを踏んだ結果、富と成功をつかんでスーパーノーマルに生まれ変わるという事実に。

僕自身、彼らから学んだ方法を取り入れたことによって、ありがたくもスーパーノーマルに仲間入りすることができた。

驚異的なレベルではないが、30代で100億ウォン（約10億円）台の資産を築き、YouTubeチャンネルの登録者数を180万人まで増やして20億ウォン（約2億円）で売却した。

経済的安定を手に入れ、今は毎月お金の心配をせずに暮らせている。

この成果をすごいと褒めてくれる人もいるかもしれないが、僕は自分が〝優れたふつうの人〟の範囲内にいることをよく知っている。

これから、そのプロセスをご紹介していこうと思う。

僕のような平凡な人間が資本主義社会で生き残る道、**「スーパーノーマルの法則」**についてだ。月給160万ウォン（約16万円）の会社員時代から今日に至るまで、僕がどんなプロセスを実行してきたのかを包み隠さずお伝えしていきたい。

ステージ1：発端

20万ウォンの人生で終わりたくなかった

「バシッ！」

強烈なビンタの音がオフィスに鳴り響いた。先輩社員が平手打ちしたのは、僕の顔とプライドだった。

「修士なんか意味ないって？　院卒をナメてんのか？」

先輩は僕をにらみつけて、そう叫んだ。僕は先輩をバカにしたことは一度もない。ただオフィスで残業していただけで、先輩の学歴にもまったく興味がなかった。

おそらく先輩は社外で誰かに侮辱され、酔った勢いで自分より立場の弱い僕に八つ当たりをしたのだろう。

しばらくぼう然とした。僕のほおは先輩の平手打ちによって、かっとほてり、社内での僕のポジションが浮き彫りになった。

僕という人間は、どこかでバカにされて帰社した人にさえバカにされる、まさしく底辺の存在だったのだ。社会人生活を始めて間もない頃の出来事だった。


はじめての職場だった経済ニュース番組のテレビ局で、僕は誰より熱心に働いていた。深夜番組のメインプロデューサーとして、放送作家とアナウンサーからなる3人の小さなチームを率いていた。

新人PD（プロデューサー）ながら、期待以上にうまく仕事をこなしていた。

番組をスムーズに進行させるのはもちろん、あちこちから協賛をもらって収益を出していた。英語はからっきしダメだったが、シカゴやシンガポールの企業に数十回アプローチして広告を取った。他のPDがやらない仕事をして、優れた成果を上げていた。

ところが、返ってきたのは、賃金テーブルに従って毎年少しずつしか上がらない給料と、同僚たちの嫌味だった。

「この野郎、おまえのせいで俺にまで仕事が降ってきたじゃないか。そんなに張り切らないで、ほどほどにしとけよ」

「この世の仕事をおまえ1人でやっていそうな勢いだな」

おまけに、数人の先輩は僕たち後輩の前で、平然とこう言いはなった。

「プロデューサーは、いくらがんばったって昇進できないよ。出世したいなら、記者になりゃよかったのに」


僕の努力、もっと言えば、僕という存在そのものを否定される場所で、僕はなんの意味もなくもがいていた。いくら努力しても人生がよくなることはない、という敗北感でいっぱいで、ただでさえすり減ったプライドは無残に踏みにじられた。


くやしくて涙が出た。

おまえが努力したって意味はない、何をやってもムダだなどと言ってくる人間と同じ会社にいたくなかった。これが、真の退職理由だ。

貧しかったし、切実にお金が必要だったが、単に稼げないという理由だけで退職を決めたわけじゃない。

経済的な自由を得たかったのか？　そんな考えも頭をよぎったような気がするが、退職の理由としては何番目なのかわからないぐらいの位置にあった。

僕はいつでも本気だった

退職後、自分でも気づいていなかった「自分の本当の姿」が見えてきた。

僕はいつも一生懸命で、何ごとにも本気で取り組む姿勢を愛してきたという事実だ。大学時代も、会社に入ってからも、退職後もそうだった。僕は失敗に屈しない姿勢が好きだ。

どんな悲しい話を聞いたときよりも、何かに真剣に取り組む人を見たときに涙が出る。いかなる状況でも、僕は本気だった。

大学時代に1日14時間以上、徹夜でオンラインゲームをしていたときですらそうだった。

ゲーム仲間はみんな現実世界へと戻っていき、ギルド〔ゲームのグループ〕には僕だけが残された。


僕は、がんばっても意味がないと言う人に反撃したかった。

方法を探し努力して実行すれば、どんなことでも必ずやり遂げられることを見せつけてやりたかった。

このことを証明するために、僕は絶えず努力を続けてきた。


最近、僕は大きな失敗を経験した。

それでもあきらめることはない。あきらめない人を目にしたときの感動を、自分の息子にも感じさせてあげたいからだ。

ベストを尽くしつつ、細やかな父親になりたい。

疲れたそぶりを見せず、穏やかな表情でベストを尽くす、不動の岩のような父親になって、全力を注ぐ人生を息子に教えたい。

そして、この本を読んでいるあなたへ。

つたない僕の文章を読んでくれる大切な読者には、ぜひこの言葉をお伝えしたい。

僕だけではなく〝あなた〟にとっても、本書が反撃のスタート地点になるということを……。

ステージ2：展開

お金持ちの道を選択する

会社員生活の中で僕が経験した〝貧困〟は、退職の本質的な理由ではなかったが、退職のトリガーとしては十分だった。

新入社員時代、僕の基本給は160万ウォン（約16万円）台だった。各種手当を加えても、月給は200万ウォン（約20万円）程度だった。

大幅な年俸アップや成果給が見込めない状況で、この金額で暮らしていくというのがどういうことなのか、だんだん現実の厳しさがわかってきた。

まず、まともな住居環境を整えることができない。大学時代からの彼女と結婚したが、収入を考えると、新亭洞（シンジョンドン）〔ソウル特別市陽川区〕の古いアパートの半地下で、新婚生活をスタートするしかなかった。

日当たりの悪いその家は、あらゆる面で劣悪だった。

半地下の窓から入ってくる猫や、あたたかい場所を求めて集まってくるゴキブリはまだかわいいものだった。そういう問題なら、僕が解決できるからだ。

防音性が低く、他の家のアラーム音、さらにはトイレの音まで聞こえてくる状況にもどうにか耐えられた。でも、共同玄関にオートロックがないせいで、通りすがりの酔っぱらいが我が家の前で小便をしていったときは、今すぐにでも引っ越したいという気持ちに駆られた。

ある日、妻は薄暗いその家をなんとか明るくしようとインテリア用品を買ってきた。部屋を飾りつけた妻を見て、つい腹を立ててしまったことを思い出す。

「こんなことをして何が変わるっていうんだよ。よけいなことをするな！」

傷ついた妻の表情が今も忘れられない。そのとき僕は〝日光〟がインテリアの必須要素であることを知った。陽射しの入らない我が家は、いくら飾りつけようと焼け石に水だった。僕は妻に腹が立ったわけではない。そんな家で暮らすしかない自分の境遇が、やりきれなかったのだ。

当時は、貯金以外にできることがなかった。

毎月の固定費を除いて、なんとか100万ウォン（約10万円）を貯金に回し、残りの20万ウォン（約2万円）で生活を切り盛りした。未来に向けた自己啓発など夢のまた夢で、投資でお金を増やすことも考えられなかった。妻と子どもにも〝20万ウォンの人生〟を強いるしかなかった。

数年間そんな暮らしを送りながら、ふと気づいた。月100万ウォンずつ貯めて1年で1200万ウォン（約120万円）、10年経っても1億2000万ウォン（約1200万円）。長年貯金を続けても、マンションどころかアパートの一部屋を買うことすら厳しい。

古いアパートの半地下生活から、一生抜け出せないような気がした。薄暗い新居をなんとかおしゃれに見せようとしていた妻の姿を、僕がいちばん見たくなかったその場面を、いつまでも見続けることになるような気がした。

お金が必要だった。お金さえあれば、僕を不当に扱う会社なんかすぐに飛び出していただろう。そうしていたら、僕をバカにする先輩と出会うこともなかったはずだ。十分なお金さえあれば、広くてきれいな日当たりのいい新居で妻と一緒にインテリアを楽しめただろう。


だったら、方法は1つしかない。お金持ちになること。

もう二度と、誰にもバカにされないように。

いや、僕をバカにする人や近づきたくない人とは、かかわることすらないくらいの大金を稼ぐこと。それだけが答えだった。

こうして、僕はお金を稼ぐことを〝決心〟した。

ステージ3：危機

最初の挑戦。4000万ウォンの借金に縛られる

2015年、お金を稼ごうと決心した僕は、「投資」と「事業」の分かれ道に立った。そして、投資に時間を注ぐのではなく、会社員をしながら事業を始めることにした。

経済テレビ局のプロデューサーとして働く中で、投資家と接する機会が多く、投資にはむしろ不信感を抱いていたからだ。

株や不動産の〝専門家〟を自称する大勢の人々と出会い、彼らが莫大(ばくだい)な借金を抱える姿を何度も目にしてきた。詐欺罪で捕まった人までいた。

それに僕にはまとまった種銭もなかったから、今すぐ財テクでお金を稼ぐのは難し

いだろうと考えた。ところがこの選択は、僕に生まれてはじめての途方もない苦しみをもたらすことになる。

もしあなたの銀行口座に4000万ウォン（約400万円）が入金されたら、人生にどれだけの変化が起こるだろうか？

しばらくはうれしい気分で過ごせるが、おそらくたいした変化はないはずだ。しかし、同じ4000万ウォンでも、それが〝借金〟となると話はちがう。4000万ウォンの借金を抱えると、人生は急速に変わる。それも、ひどく悪い方向に。

僕は最初に始めたレンタルスタジオ事業で大きな損失を出し、この真理を知った。

事業を始めたばかりの頃は、それなりに自信があった。テレビ局で働きながら各種スタジオを利用した経験があったし、テナント料など諸々の固定費を差し引いても利益が残る計算だった。

始めるのはたやすかった。僕の貯金4000万ウォンに、仕事で知り合った共同出資者の4000万ウォンを足して、8000万ウォン（約800万円）の資金で華々しく事業を始めた。利益もリスクも共有することを約束した契約書を交わし、僕たちは1つの船に乗った。

流動人口は多いがテナント料の高い弘大入口駅（ソウル特別市麻浦区の繁華街）ではなく、そこから少し離れた大興駅の前に位置する小さな物件を選んだ。古いテナントを契約して内装工事を終えたときは、これでお金を稼げるという期待で胸がいっぱいだった。

結論から言えば、事業は失敗した。よくある言い方をすれば、スタジオには閑古鳥が鳴いていた。それでも毎月400万ウォン（約40万円）のテナント料はしっかり飛んでいき、頭がおかしくなりそうだった。

5年の会社員生活で貯めた全財産4000万ウォンと、共同出資者の4000万ウォンまでつぎ込んで始めた事業なのに、得たものはテナント料2000万ウォン（約200万円）の赤字だけだった（もう半分の2000万ウォンは共同出資者が負担した）。

会社からもらう月給をふくめても、収支はマイナスだった。

そんなある日、共同出資者から連絡がきた。自分はこの事業から手を引くから、出資金の4000万ウォンを全額返してくれとのことだった。


「待ってください。儲かるときは一緒に儲かって、損するときは一緒に損をするのが共同出資者でしょう？　そんな話がありますか？　契約書も交わしたじゃないですか」


僕は激しく反発したが、やがてすべてが判明した。

発端は、僕が在職していたテレビ局の副業禁止規定だ。まだ雇われの身だった僕は、妻の名義で事業を始めるしかなかった。

しかし事業が思いのほかうまくいかず、業を煮やした共同出資者が妻を連れて法務士（日本の司法書士に相当）事務所を訪問し、自分に有利な証書を取ったのだ。

この紙切れ1枚で、共同出資者との関係は、一瞬にして債権者と債務者の関係に変わり、僕は出資金の全額を共同出資者に返金しなければならない状況に陥った。

〇〇は、ただちに△△に1000万ウォンを支払う。賃貸店舗の保証金として預け入れた出資金の残額3000万ウォンは、店舗物件の契約が終了した時点でただちに入金する。

債務履行合意書（日本の債務確認弁済契約書に相当）を受け取った日の衝撃を、今もはっきりと覚えている。妻を責めるわけにもいかなかった。当時20代の妻は、事業についてまったくの門外漢だったし、間違いがあったとすれば、僕が共同出資者を信じたことだけだ。

身重の体で無理をしながら、スタジオを管理してきた妻を責める筋合いはない。僕も退勤後にキンパ（韓国風のり巻き）1本で食事をすませて、スタジオに駆けつける日々を送っていたが、事業の失敗によって借金を抱えることになった。やむを得ず追加で借り入れをして、共同出資者に4000万ウォンを返した。

当時、僕にはお金に関する〝感覚〟がまったくなかった。

4000万ウォンの価値を体感できていなかった。4000万ウォンの借金を抱えたあとで、はじめて気づいた。**お金は、そして借金は、一瞬にして僕と家族の人生を地獄に落とすという事実に。**

賭け金4000万ウォンのギャンブルは、悲惨な結果を招いた。

あの頃の僕は最悪の経営者であり、最悪の夫だった。

スタジオにいるときは、家族とうまくいっていないせいで、ネガティブなオーラを放っていた。

一緒に働くスタッフにトゲトゲしい態度を取り、家族を口実にして事業をうまく回せない責任から逃げた。当時は、スタジオでも家族のことを考えるのが大黒柱の責任だと思っていた。

家に帰ると、世界一の苦労人であるかのようにふるまった。

仕事を口実にして、妻と子どもにイライラをぶつけた。それが情熱だと勘違いしていた。事業がうまくいかずに苦しんでいたせいで、妻も毎日心配ばかりしていた。

僕たちの家族の幸せは、はるか遠くにあるように思えた。

ステージ4：絶頂

スーパーノーマルへの入口。不運に打ち勝つ方法を経験する

やる気満々で始めた事業に失敗したあと、僕はしばらく気を取り直すことができなかった。お金持ちの家に生まれてこなかったこと、この状況を打開する能力がないこと、そのすべてが嘆かわしかった。

しかし、目の前の現実があまりにも厳しくて、不運を恨んだり悲しんだりしている暇はなかった。じっとしていても、テナント料の支払い日とローンの返済日はやってくる。切迫した状況に直面すると、ようやくスタジオの問題点が少しずつ見えてきた。

建物が古く、インテリアが平凡なだけでなく、マーケティングが弱すぎた。この問

題を解決できる専門家を方々探し回ったが、僕に会ってくれる人はいなかった。

そのときはじめて、ピンチに陥った人に会いたがる人はいないということを知った。

僕は4000万ウォンの負債を抱えた人間だ。

そんな人間にかかわったりしたら、不幸が伝染しそうな気がするのだろう。

あたりまえの話だが、世間の人々は僕の不幸や苦労なんかにはまるで興味がなく、成功者に会いたがる。事業がうまくいけば、あっという間に人が集まってくるだろうが、正反対の状況であれば、数十回拒絶されることを覚悟しなくてはならない（何度も頼み込む以外に方法はない）。


幸いなことに、会社の同僚がマーケティングのプロを紹介してくれた。

数カ月かけて数十回必死に頼み込み、ようやく実現したミーティングだった。それだけに切実だった。


「キーワード広告を検討なさっているそうですね。何個ぐらいキーワードを設定するご予定ですか？」

「たくさん登録しようと思っています。10個以上は設定したいですね」

彼はあきれ返った表情でこう言った。

「10個？　多いところは1万個を設定することもあるんですよ」

その言葉にショックを受けた僕は、わらをもつかむ思いでキーワード広告に力を入れることにした。

「1万個だって？　それなら僕は10万個を設定しよう」

そう決心し、キーワードのかけ合わせを考え始めた。

10万通りものキーワードをどうやってつくればいいんだろう。

次の瞬間、学生時代に1日中プレイしていた「ディアブロ」というゲームのことが頭をよぎった。このゲームでは武器の属性、そして槍（やり）や刀剣、斧（おの）などの武器の種類に、Prefix（前置詞）、Suffix（後置詞）などの修飾詞を組み合わせて、数百万個のアイテムの名前をつくり出す。この組み合わせ方法を応用して、広告キーワードのかけ合わせをつくったらどうだろう？


僕はまずスタジオの特徴を分析した。

エクセルの1列目に、スタジオの所在地を記入した。

弘大(ホンデ)、麻浦、大興駅、弘大駅など、近隣エリアの特徴をできるかぎり細かく書いた。弘大、弘大入口、弘大入口駅、弘益(ホンイク)大学など、同じエリアを表す言葉をすべて入れたことは言うまでもない。

2列目にはスタジオの特徴を入れた。

自然光、きれいな、いい写真が撮れる、友情写真、ピンクなど、スタジオをレンタルしたい人が検索しそうなキーワードを記入した。

最後に、3列目には「空間」について書いた。

レンタルスタジオ、貸しスタジオ、スタジオレンタル、貸しスタジオレンタル……。

各項目に50個以上書いて組み合わせた。

この方法でつくり出したキーワードの数は？　なんと30万個だった。

当時、NAVER（韓国のポータルサイト）のキーワード広告は、1アカウントにつき最大20万個までしか単語を登録できないと知ったのは、そのあとだった（現在は変わっているかもしれない）。

残りの10万個のキーワードも捨てがたかったので、アカウントをもう1つつくって広告を出稿した。

必死だった。僕はすばやく計算した。このスタジオを維持するには、最低でも月に1000万ウォン（約100万円）を稼がなくてはならない。

そのためには、1日に10組以上のお客さんに来てもらう必要がある。そこで、いつでも予約を受けられるように、スタジオを24時間営業することにした。

月1000万ウォンの売上を出すために必要な数字を把握し、これを実現できる事業構造に切り替えたのだ。

最初の成功体験

効果は絶大だった。すぐに爆発的な反応が現れた。

予約困難になるほど問い合わせが殺到し、ブラックピンク、レッドベルベットなどの人気芸能人の撮影が行われたことで、スタジオはどんどん有名になった。自信を取り戻した僕は、レンタルスタジオを3店舗にまで増やした。レンタルスタジオだけでも、毎月１０００万ウォン以上の固定収入が入るようになった。

僕にとって最初の成功だ。

この頃から、**「自分にもお金を稼げる」**という確信が芽生えてきた。

レンタルスタジオ事業以外にも、さまざまな「お金稼ぎの方法」を探して、すぐさま実行に移していった。スマートストアで商品販売を始め、インテリアのショッピングモールと実店舗の経営を始めた。

また、「僕が成長したという事実を誰かに知らせたい」という素朴な気持ちから始めたＹｏｕＴｕｂｅチャンネルも、急速に登録者数を伸ばした。韓国で人気の経済チャンネル「申師任堂（シンサイムダン）」（財テク・自己啓発ＹｏｕＴｕｂｅチャンネル）だ。

それまでのノウハウを解説する書籍『ＫＥＥＰ ＧＯＩＮＧ 僕は月１０００万ウォ

ンを稼ぐことにした』（日本語未翻訳）の草稿を書いたのもこの頃だ。

2019年末、僕はレンタルスタジオ事業を手放すことにした。直接的な理由は、自身の健康状態の悪化だ。

レンタルスタジオの経営、スマートストアと実店舗の管理、YouTubeチャンネルの運営、自分のノウハウを解説する本の執筆、オンライン講義のコンテンツ制作など……。

体を張って、すべてを同時進行していた。

ほぼ毎日キンパで食事をすませながら、徹夜で働いていた。その結果、疲労とプレッシャーが「狭心症」という病気になって、ブーメランのように戻ってきたのだ。

救急処置室に運ばれたあと、広げた事業をやむなく整理していった。スマートストアは従業員に譲り、レンタルスタジオ事業は別の事業者に売却した。

その翌月、中国で正体不明のウイルスが発見されたというニュースを聞いた。新型コロナウイルスだった。

僕が事業をすべてたたんでＹｏｕＴｕｂｅに専念したことは、結果的には吉と出た。人が集まることが難しいコロナ禍で、ＹｏｕＴｕｂｅの視聴者が急増し、僕のチャンネルは大きく成長したからだ。

不安定な経済状況の中で、「財テク」というコンテンツの需要が高まったこともその一因だった。すべての選択がいい方向に向かったことに感謝した。そんな中、ふと気になった。

僕がこんな幸運に恵まれたのはなぜなのか？

ファイナルステージ：ここからが始まりだ

お金持ちになるスタートラインに立ったあなたへ

「僕はなぜ成功できたのか？」

このテーマについて、自分なりに考えを整理してみた。

僕はひどく貧しいわけではなかったが、明らかにお金持ちではなく、特別な才能もなかった。正規分布表のもっとも広い範囲に属する〝平凡な人〟だった。

今はどうだろう？

ある種の人々、とくに僕のＹｏｕＴｕｂｅのチャンネル登録者たちは、僕が途方もない成功者であるかのように接してくれる。

ところが僕の現実的な位置はせいぜい、正規分布表の山が低くなっていく部分の中

正規分布表内の「スーパーノーマル」の位置

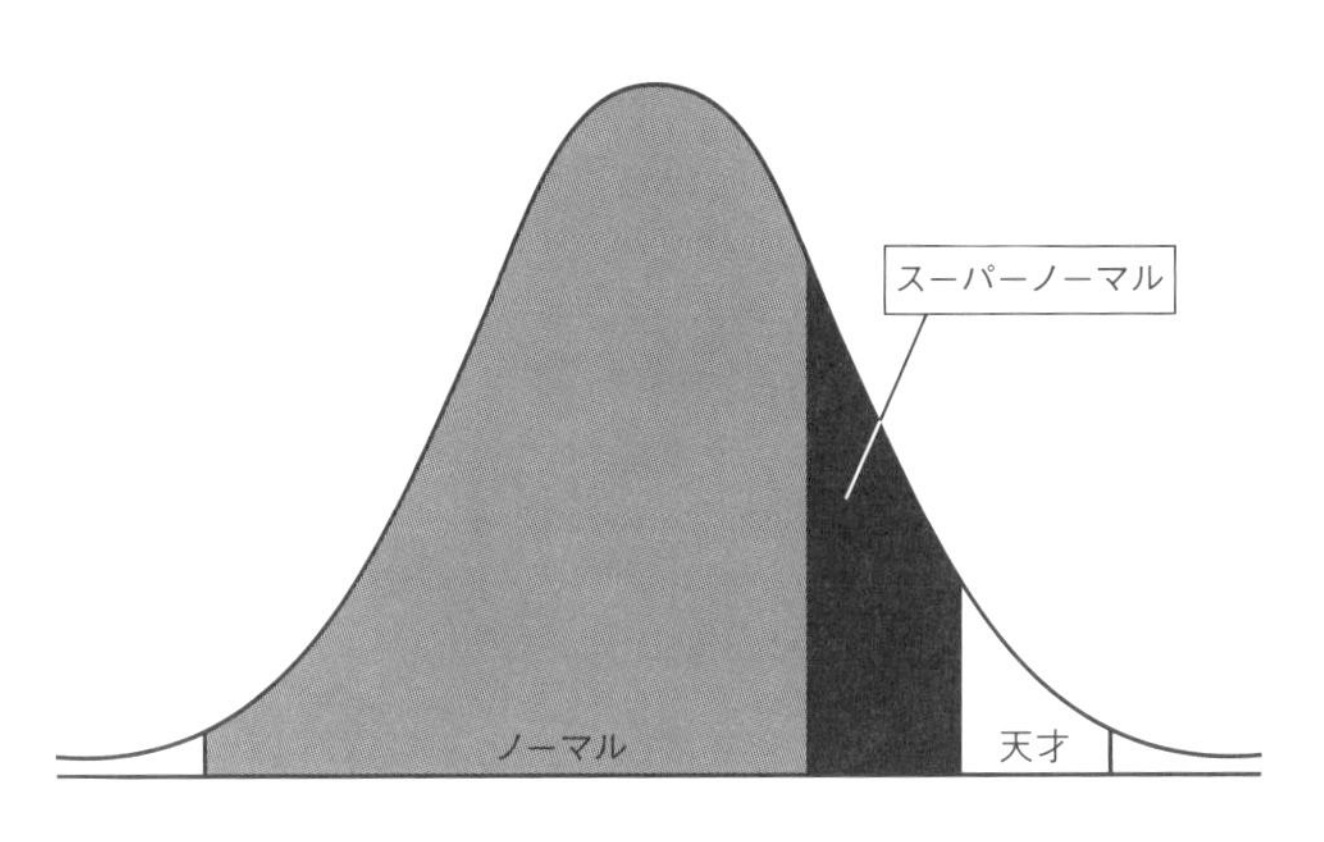

間あたりだ。つまり**「平凡な人の中では優れているほう」**というレベルにすぎない。

事業とYouTubeチャンネルを運営する中で、多くの人と出会った。

そして、**特別な数人を除けば、大多数の人が「平凡の領域」にいることを発見した**。

この領域にいる人の目標は、たいてい「平凡な人の中で、優れた状態になること」だ。

これは絶対に不可能なことではなく、ずば抜けた才能が求められるわけでもない。

僕が確立した「スーパーノーマルの法則」もまた、平凡な人を対象としたものだ。

僕が「スーパーノーマルの法則」をつくった理由は、自分自身がさらにワンステップ成長するためだ。今よりもっと大きな成功を遂げるには、「自分と近いレベルの成果を出せるスタッフを増やす」方法がベストだと考えた。長い時間を共に過ごし、影響を及ぼし合うスタッフたちに、僕のノウハウを教えたかった。

そこで、新入社員を強制的に成長させる5段階の教育プロセスをつくり、これを「スーパーノーマルの法則」と名づけた。

「スーパーノーマルの法則」の限界とは?

先に言っておくが、「スーパーノーマルの法則」にはいくつかの限界がある。

まず、平凡な人をずば抜けた天才にすることはできないという点だ。でも、**「平凡な人の中のトップ」**を目指す人にとっては大いに役立つ。

次に、数千億ウォン（約数百億円）の資産家を夢見る人にとっては、決定打となるプロセスではないという点だ。

僕が知るかぎりでは、数千億ウォンの資産家を夢見る人は多くない。50〜100億ウォン（約5〜10億円）程度の資産を築くことができれば十分だと考えている人がほとんどだろう。

また、「スーパーノーマルの法則」は、毎月数十億ウォン（約数億円）の売上を出そうとする企業家向けのノウハウではなく、1カ月に1000万ウォン（約100万円）以上の収入を目標とするフリーランサーや自営業者、あるいは会社員のための成長ガイドだ。

50億ウォンの財産や毎月1000万ウォンの収入。

夢と言うにはやや控えめで、目標にしてはややハードルが高い。僕はこのレベルを「スーパーノーマルの法則」が目指すところとする。

最後に、とても致命的な限界がある。

この本を読み終わったとしても、結局は「自分の努力」が重要になるという点だ。方法がわかっていても自分で実行しないかぎり、現実的な結果を生むことはできない。僕は方法を教えることはできるが、あなたを実際に動かすことはできない。

この点をしっかり覚えておいてほしい。

「スーパーノーマル」の先の世界へ

「平凡な人間はどこまで行けるのだろうか?」

僕はときどき考える。

「マイナス4000万ウォンから100億ウォン台の資産家になることには成功した。**じゃあ、この先は?**」

僕はある企業の講演会で「企業価値1兆ウォン(約1000億円)の会社をつくりたい」と話したことがある。会場のみんなが笑ったが、僕は冗談を言ったわけではない。

僕の目標は、本当に今の事業を1兆ウォン企業にすることだ。現在、僕のタイムテーブルは、ひたすらその夢を叶えるためのスケジュールで満たされている。

もちろん僕だって知っている。残りの人生をすべて捧げても、1兆ウォン企業をつくるという目標は達成できないかもしれないということを。

「まぁ、達成できなくてもしょうがない。努力したってできないこともあるんだから。それでも、死ぬ前に、僕は夢を叶えるために一生努力してきたんだ、とカッコよく語ることはできるじゃないか」

現在30代後半の僕は、20～30代をもっと一生懸命生きればよかったと悔やんでいる。50代になったら、30代のことを悔やむだろう。

もっと年を取って、死期が近づいてきたら、すべての日々を後悔するかもしれない。そのとき「夢は叶えられなかったけれど、そのために死ぬほど努力した」という人と、「夢を叶えるための挑戦すらできなかった」という人のうち、後悔が大きいのはどちらだろうか？

僕は後悔しないために、今日も充実した1日を過ごし、感謝しながら生きている。

あなたが夢に向かって走るとき、僕も自分の夢に向かって走り続けることだろう。

大きな夢を叶えるための旅路を共にしたいという思いから、この本を書いた。

あなたも僕も、いつか正規分布表の端まで行けるはずだと信じている。

もし僕がいつかスーパーノーマルの域を超えて、もっと上の世界に進めたとしたら、その物語もぜひ多くの人にお伝えしたい。それが僕の夢であり目標だ。

スーパーノーマルのトビラの前に立ったあなたを歓迎します

人間の99％は平凡に生まれます。

1％の富を握る親から生まれたとか、歴史に残るほどの知能を持つ天才でもないかぎり、大部分の人は平凡な人間です。

僕もまた、そんな平凡な人間の1人にすぎません。

最近は、「平凡」という言葉をネガティブな意味で使う傾向があるようです。

「あの人は平凡だ」

「きみは平凡だね」

「平凡な私にもできるだろうか？」

このような発言に込められたニュアンスについて、考えてみてください。

平凡という言葉から、ポジティブなイメージは感じ取れないでしょう。

平凡の対称にある「特別」という言葉のほうが好まれがちです。僕たちは誰しも、特別になりたいという欲求を抱いています。

ここに興味深い事実があります。

「特別」とは、「ごく平凡なことが集まった結果として到達する地点」だということです。

例を挙げてみましょう。

健康的で美しく引き締まった身体は、多くの人が手に入れたいと願う「特別」なものです。でも、じっとしているだけでは、特別なスタイルを手に入れることはできません。

たとえ生まれつきスタイルがよかったとしても、美しい体型を維持するには食事管理や運動を続けていく必要があります。

つまり、**カッコいい特別なスタイルは、「地道で平凡なトレーニング」を毎日積み重ねた結果**なのです。

コツコツと運動を続けるのは、退屈で平凡で、特別なことではありません。そのせいか、僕のように平凡な身体の人間から見れば、すばらしく特別なスタイルを持っている人でも、自分のことを「平凡だ」と言います。

弁護士や医師は特別な職業です。

それにもかかわらず、彼らも自分のことを「平凡だ」と言います。

他人から見れば特別で非凡に思えますが、彼らとしてはごく平凡な1日を送っているだけだからです。彼らは大学時代、長時間勉強をする平凡な1日を送っただけだと言います。

特別に見える人は、なぜみんな謙虚なんだろう?

僕は不思議に思いました。すばらしい成果を上げたのに、どうしてそこまで謙遜するのか、と直接たずねたこともあります。

彼らの返事はどれも同じでした。

平凡な1日を積み重ねてきただけだと言うのです。

そんなふうに歩んできたら今に至っただけで、自分の過去と現在はあまりにも平凡だと言います。

しかも、自分が努力してきた程度のことは誰だってやっている、と考えているようでした。彼らの特別さは、結果よりもそこに至るまでの〝過程〟にありました。

平凡な状態にとどまりたい人がいるでしょうか？

「平凡」という言葉は、そこからすぐに抜け出したくなるような退屈さを感じさせます。それでも、この退屈さに耐えて一歩ずつ歩んでいけば、いつか特別な結果が生まれる日がやってきます。

特別な成長を遂げるには、平凡な1日をどんなふうに満たしていくかを考え続けなくてはいけません。そんな悩みで満たされた1日は、このうえなく特別です。

「生まれつき」特別なのではなく、「過程」が特別であること。

個人の成長において、これは天賦の才能より重要な要因です。

不運続きの最悪の状況でも、しっかり結果を出す人がいます。

そんな人を僕は**「突然変異」**と呼んでいます。

どんなに大変でも、あきらめずに成長を遂げた人やその成功事例。まずはこれを見つけ出すことが、あなたの成長の第一歩となることでしょう。

第2章

爆発的な成果を生み出す「スーパーノーマル5段階の法則」

僕は失敗したのではない。

うまくいかない方法を

1万通り発見しただけだ。

―― トーマス・エジソン

ステップ 1

「突然変異」を発見する

「言い訳」から、突然変異のヒントが見つかる

「突然変異」の発見は、お金持ちになるためのトビラを開けてくれた最初のヒントだった。突然変異の存在に気づくまで、僕はスーパーノーマルのマインドとはほど遠い生活を送っていた。

何かにチャレンジする前から、うまくいかない理由を考えていたからだ。つまり、ものすごく言い訳が多かった。

成功した人を見ると、「あの人にはうまくいく理由があったんだ」と決めつけて、自分には無理だと言い聞かせていた。自分で自分の限界を決めてしまっていた。

「ビジネスで成功した人は、もともと実家がお金持ちだったんだよ」
（僕は裕福な家に生まれてないからなぁ）

「あの人は学歴が高いからうまくいったんだな」
（僕はそこまで学歴が高くないし）

「あの人はプロだから成功したんだ」
（僕は何かの専門家ってわけじゃないから）

「あの人には華麗な人脈があるからなぁ」
（僕には特別な人脈がない）

「世の中」という舞台で、自分は主役ではなく、〝脇役〟にすぎないと感じ、つらかった時期がある。お金持ちの人、名門大を出た人、人脈が広い人、優れた技術を持つ専門家……そんな人と向き合うと、いつも気持ちがひるんだ。

彼らの成功を認められず、何かズルをしているにちがいないと考えた。この世は、そんな特別な人々のためだけに存在している気がした。

僕のための場所はどこにもないように思えた。これからもきっと僕が主人公になることはないのだと思うと、絶望的な気分になった。レンタルスタジオの事業を始めたときも、こんな考えにとらわれていた。

そんなある日、スタジオのスタッフが僕にこんなことを言った。

「うちのスタジオは狭いから、規模の大きい雑誌の撮影はできませんよね」

それを聞いて、僕のプライドが傷ついたことを相手に悟られたくなかった。

だからその場では「うん、そうだね」と答えたが、帰宅してから一晩中「狭いスタジオで撮影された雑誌の写真」を探しまくった。

そこまで必死になった理由は、自責の念に駆られたせいだったのか、なんだったのかは思い出せない。

ついに求めていたような写真を見つけ出し、スタジオの広報ページに撮影イメージの1例としてアップした。するとしばらくして、思いがけないことが起こった。

僕のスタジオが、『ハーパーズ バザー・コリア』（世界約30カ国で発行されている女性向けファッション誌の韓国版）という有名な雑誌の撮影に使われることになったのだ。

「恵まれない境遇にある人が成功したケース」を探す

人生の変化は、思考の回路を変えるところから始まる。

この一件によって、**習慣的に浮かんでくる言い訳の中にこそ、成功のヒントが隠れている**ことを知った。それ以来、僕はすべての言い訳の中から答えを探すようになった。

成功できない言い訳をぶち壊すために、僕と同じように恵まれない境遇にありながらも、優れた成果を生み出した人を探し始めた。

平凡な家に生まれてお金持ちになった人、学歴が低くても成功している人、専門家ではないのに成果を出した人を探し回った。

こうした成功ケースがまさに、あなたがこれから探さなくてはならない「突然変異」だ。つまり、突然変異とは**「自分と同じような状況にある人が、圧倒的な成功を収めたケース」**だ。突然変異を見つけ出せば、こんな自信が湧き起こってくる。

「彼が成功したって？　だったら、僕もいずれは成功できるということじゃないか？」

自分の限界に気づいたとき、自分の特別さが生まれる。

本能的に飛び出してくる言い訳は、あなたに大きなヒントをくれるだろう。

いくら考えても自分の限界点や言い訳が見つからないという人にとっては、突然変異を探すこのステップが、少し難しく感じられるかもしれない。

突然変異を探すためにリサーチする範囲を絞りにくいし、自分がすべきことやできることがとても多いからだ。初期の段階で選択肢が多すぎると、かえって何もできなくなることがある。

運よく、昔の僕のように言い訳が多いタイプなら？

あなたが今すべきことははっきりしている。その言い訳をもとに、突然変異を探そう。自分の限界を乗り越えて成功を収めた人のケースを、見つけ出せばいいのだ。

スーパーノーマルの法則　ステップ1

「突然変異」を発見する

自分と似たような境遇の人が成し遂げた、予想外で圧倒的な成果を探してみる

「あの人がうまくいった理由」を見つけ出す

突然変異を見つけたあとにすべきことは、とても簡単だ。

突然変異を起こした人は、他の人とはどこがちがったのか、「まちがいさがし」のように比較してみよう。

その人が他人より優れた成果を出せた要因を、1つ見つけ出せばいい。

僕はいつも3種類のごく平凡な事例と、突然変異と呼ぶのにふさわしい特別な成果の1例を比較する。比べてみると、突然変異の特別な点がはっきりする。

突然変異が生まれる要素は、分野によって異なる。

僕はレンタルスタジオ、スマートストア、ＹｏｕＴｕｂｅ、不動産投資の分野で突然変異を見つけた。そして、突然変異から学ぶためにベストを尽くした。

ことあるごとに心の奥底から湧き上がってくる言い訳を、**「考えるためのスタート地点」**に変え、スピーディに成長できる土台を整えていった。

1　レンタルスタジオ

（言い訳）「うちのスタジオはスペースが狭いから、雑誌撮影はできそうにないな」

↓狭いスペースで撮影されている雑誌の写真を集めて、特徴を探してみよう！

2　スマートストア（オンラインストア）

（言い訳）「僕にはアイデアがないから、売れ筋の商品なんてつくり出せないよ」

↓ものすごいアイデア商品というわけじゃないのに、ヒットしている商品があるな。どんな特徴があるのか調べてみよう！

3 YouTubeチャンネル

（言い訳）「登録者数がちっとも増えないな。
これ以上、YouTubeを続けたって意味がないよ」

↓チャンネル登録者数は少ないのに
再生回数が多い動画の特徴を探してみよう！

4 不動産投資

（言い訳）「やっとのことで1000万ウォン（約100万円）貯めたところなのに、
不動産投資なんてとんでもない！ 僕には縁のない話だ！」

↓少ない元手で投資を始めて、
大金を手にした人々の特徴を探してみよう！

このように、突然変異を生み出す要素を発見できれば、あとは簡単だ。突然変異を繰り返し生み出せるようなシステムをつくればいい。

反復できなければ、成功とは言えない。そして、自分だけでなく、他の人も突然変

異を繰り返し生み出せるようになってはじめて、真のシステムが完成したと言える。

僕がある分野の突然変異を生み出す方法についてセミナーを開いたとしたら、セミナーでこの方法を学んだ参加者たちも、僕と同じような成果を出せなくてはならないということだ。

たとえば、僕はあるYouTubeシリーズで、ネットショップを開業してゼロから月500万ウォン（約50万円）の収益を生み出すための具体的な方法を紹介し、大きな話題を集めた。この動画を公開したことで、スマートストア事業で自分が出した成果を、他の人も僕と同様に出せることを立証した。

レンタルスタジオ事業では、僕がいなくても顧客を増やせるようにスタッフを教育した。これこそが、突然変異を複製して結果を出し続ける方法だ。

突然変異を複製することがなぜ重要なのか？

僕たちのような「ノーマル」は新しい分野に参入するとき、たいてい情報の非対称性（商品やサービスの売り手と買い手などの間に、情報の格差があること）に直面するからだ。

つまり、開始段階にいる「ノーマル」と、先行くライバルたちとの情報量にはかなり大きな格差がある。ほぼ100％の確率で、ノーマルは不利だ。

こうした情報非対称市場をレモン市場（商品の売り手と買い手に情報格差があり、不良品のレモン（アメリカで質の悪い中古車を表すスラング）ばかりが取引される市場のこと）と呼ぶ。レモン市場におけるベストな戦略は、**「とりあえず、ライバルと同じ戦略を取ること」**だ。

例として、代表的なレモン市場である「中古車市場」を見てみよう。

僕が中古車を購入しようとしている消費者だとしたら、中古車ディーラーに比べて持っている情報がはるかに少ないため、どうしても不利になる。

だったら、質のいい中古車を購入する方法は1つしかない。**中古車販売業者が購入したがっている車を真似して買うこと**だ。

情報を手に入れることさえできれば、これ以上にいい方法はない。

幸いなことに、どんな分野においても、どんな状況でも、少し意識を向けるだけで、あなたは突然変異の存在を必ず見つけ出せるようになる。

チュ・オンギュさん、いったいどうやって成功したんですか？

僕が運営していたYouTubeチャンネル「申師任堂」は、一時期183万人もの登録者数を誇っていた。2022年にこのチャンネルを元投資家のユーチューバーが経営する会社に20億ウォン（約2億円）で売却したが、それ以来インタビューのたびに受ける質問がある。

「どうやって成功をつかんだのですか？」

月給160万ウォン（約16万円）の会社員だった僕が、どんなふうに今のポジションを手に入れて、インタビューまで受けるようになったのか。その答えについて、ここでお話ししたい。確実な成功のきっかけになった「突然変異」を発見した事件のことを。

「申師任堂」のチャンネル登録者数が20万人を超えた頃のことだ。

思っていたよりも早く、チャンネルの知名度が上がって収益化できるようになり、実は少し浮かれていた。

ところが、ある地点を超えてからは、限界を感じるようになった。登録者数がなかなか増えず、動画の再生回数も減ってきた。ＹｏｕＴｕｂｅの世界で、これ以上に危険な兆候はない。僕はライバルのチャンネルを分析し、打開策を探し回った。

そんなある日、登録者数が２０００人超ぐらいの小規模なチャンネルを見つけた。登録者数が少ないにもかかわらず、再生回数30万回を超える動画があるではないか。驚いた。登録者が20万人いた僕のチャンネルですら、30万回再生は簡単なことではなかったからだ。

「どういうことだ？　こんなに再生回数が多いなんて、いったいどんな動画なんだろう？」

そして、僕はさらなる衝撃を受けた。

このチャンネルで唯一、再生回数30万回を突破した動画のタイトルは、**「誰よりも早く、月1000万ウォンを稼ぐ方法」**。

それは、僕の「申師任堂」チャンネルを大きく成長させた動画と〝まったく同じ〟タイトルだった。

YouTubeを始めたばかりの頃、僕はこのタイトルの動画をアップして、登録者数を大幅に増やした（この動画の再生回数は、現在190万回を超える）。

ところが、まったく同じタイトルを使って、別のユーチューバーがまた多くの再生回数を獲得することに成功したとは！

しかも、僕がアップした動画と比べて、とくに内容が優れているというわけでもなかった。タイトルをそっくりそのまま真似ただけなのに、僕と同じく大きな成果を出せたことに驚いた。

僕はこのチャンネルの運営者にメールを送り、なぜ僕のアイデアを真似たのかをたずねたが、当然返信はなかった。だが、それはどうでもいい。ＹｏｕＴｕｂｅを成功させるには「タイトルが持つ力」がやはり肝心なのだ、という事実に気づけただけで十分だった。

僕のチャンネルでも爆発的な成果を出したこのタイトルが、はるかに登録者数の少ないチャンネルでも大ヒットした。**つまり、僕が圧倒的な成功を収めたやり方は、他のチャンネルでも通用するということになる。**

このことに気づいてからは、「チャンネル登録者数が増えない」と嘆くことはなくなった。

人気が実証されている、誰もがクリックしたくなるようなテーマの動画を探し出してタイトルをアレンジすれば、再生回数の高い動画をつくれる。

しかも、チャンネルを急成長させられる可能性があることに気づいたからだ。

これは僕がＹｏｕＴｕｂｅの世界において見つけ出した、最初の突然変異だった。

「串師任堂」チャンネルの真似をしたそのユーチューバーは、無意識のうちに「スーパーノーマルの法則　ステップ1『突然変異』を発見する」を実行していたことになる。

自分のチャンネルと似た状況——登録者数が少なかった頃の「串師任堂」——で誕生したヒット動画の秘訣を、そのまま模倣したからだ。

このように、突然変異を見つけてうまく参考にすれば、誰でもある程度の成果を上げられるようになる。

「自分と実力が同じくらいの人」が急成長した理由とは？

突然変異を見つけたら、どんなふうに自分の人生に活用すればいいのか？
「突然変異は見つかったけれど、何から始めたらいいのかわからない」という人は、次にご紹介する例をじっくり読んでみてほしい。

例1　「グルメインスタグラム」を副業にしようと決心したユンジョン氏

ユンジョン氏は、数日前からグルメインスタグラムのアカウントを始めた。
飲食店をめぐって料理の写真を撮影し、インスタグラムのアカウントにアップするのだ。フォロワーが増えれば収益化も期待できるし、飲食店からのPR依頼も多くなる。食べることが大好きなユンジョン氏に、ぴったりの副業だ。

ユンジョン氏はおいしそうな料理の写真を撮り、いくつか投稿をアップした。熱心に取り組んだものの、結果は残念だった。

「いいね！」は1投稿当たり10個前後で、ついたコメントは広告サイトへのリンクばかり。反応がイマイチだから投稿する楽しさを感じられず、写真を撮る意欲も失せてきた。グルメインスタグラムを副業にする、というユンジョン氏の夢は、しだいにしぼんでいった。

このとき、ユンジョン氏がやるべきことは何なのか？

もっとおいしいお店を探すこと？　投稿文の内容を充実させること？

それももちろん重要だが、優先順位が間違っている。

ユンジョン氏は「インスタグラムをやめたい」という気持ちの中からヒントを見つけ出し、「突然変異」を探さなくてはならない。

まずは、自分の心の中をのぞいてみるのだ。

たとえば**「インスタグラムの時代はもう終わったな。競争が激しすぎる。今さらアカウントをつくったって、うまくいくわけがなかったんだ」**という考えが頭に浮かんだとしたら、最高のヒントを得たも同然だ。

ユンジョン氏が今すぐにやらなくてはいけないのは、自分と同じような条件、つまり、**最近できたばかりのアカウントの中から「急速に成長しているアカウント」を見つけ出して、彼らの戦略を学ぶこと**だ。

「私のアカウントと、このアカウントは、どこがちがうんだろう？何からチェックしていけばいいんだろう？」

それまで他人の成功をうらやんでばかりいたとしたら、ここからはまったくちがう視点で突然変異を観察することになる。

このとき欠かせないのは、突然変異したアカウントの要素を1つひとつ分析し、なぜ圧倒的な成功を収めることができたのかをチェックしていく作業だ。

新しいことを始めたばかりの初心者にとって、突然変異の成功の秘密を短時間で見極めるのは難しい。数多くの要素のうち、どんなポイントを模倣して自分のアカウントを改善していけばいいのか、さっぱり見当がつかないことも多いだろう。

それなら、「すべての要素をチェックする作業」から始めよう。

自己判断で重要性の高低を決めつけてしまうのではなく、突然変異のすべての要素を細かく研究するつもりで見ていくことをおすすめする。

95ページの図を見てほしい。

図1は一般的なインスタグラムユーザーの目から見たフィード画面、**図2**は学び取ろうという目で見たフィード画面だ。

突然変異から何かを学びたいなら、**図2**の視点のようにすべての要素に目をつけて、実際に開いて表示させ、じっくり観察しよう。

インスタグラムで使えるすべての機能を1つずつチェックするつもりで、ていねいに見ていく。**図2**のように、それぞれの要素に番号をふって調べていくだけでも、自分が今何をすべきなのかがわかってくる。

「そこまでやらなきゃいけないんですか？　1つずつ開いていたら、だいぶ時間もかかるし、面倒なんですけど……」

こんなふうに思う人もいるかもしれない。その気持ちはよくわかる。

実際、僕がお話しする方法は、学校で何かを〝学習〟するときのやり方とは大きくちがうから、疑問を抱くのも無理はない。

学校では、教科や学年ごとに定められた学習目標がある。

たとえば、数学ならまず例題の解き方を教わり、原理を理解したうえで練習問題を解く。やさしいレベルの基本問題に慣れたら、もっと難しい応用問題を解き、さらに発展問題を解いて、知識や技能を身につけていく。

しかし、大人になったあなたはこうした形で問題を解決していくことはできない。

市場に新たに参入しようとする僕たちのようなノーマルに、成功の原理をやさしく

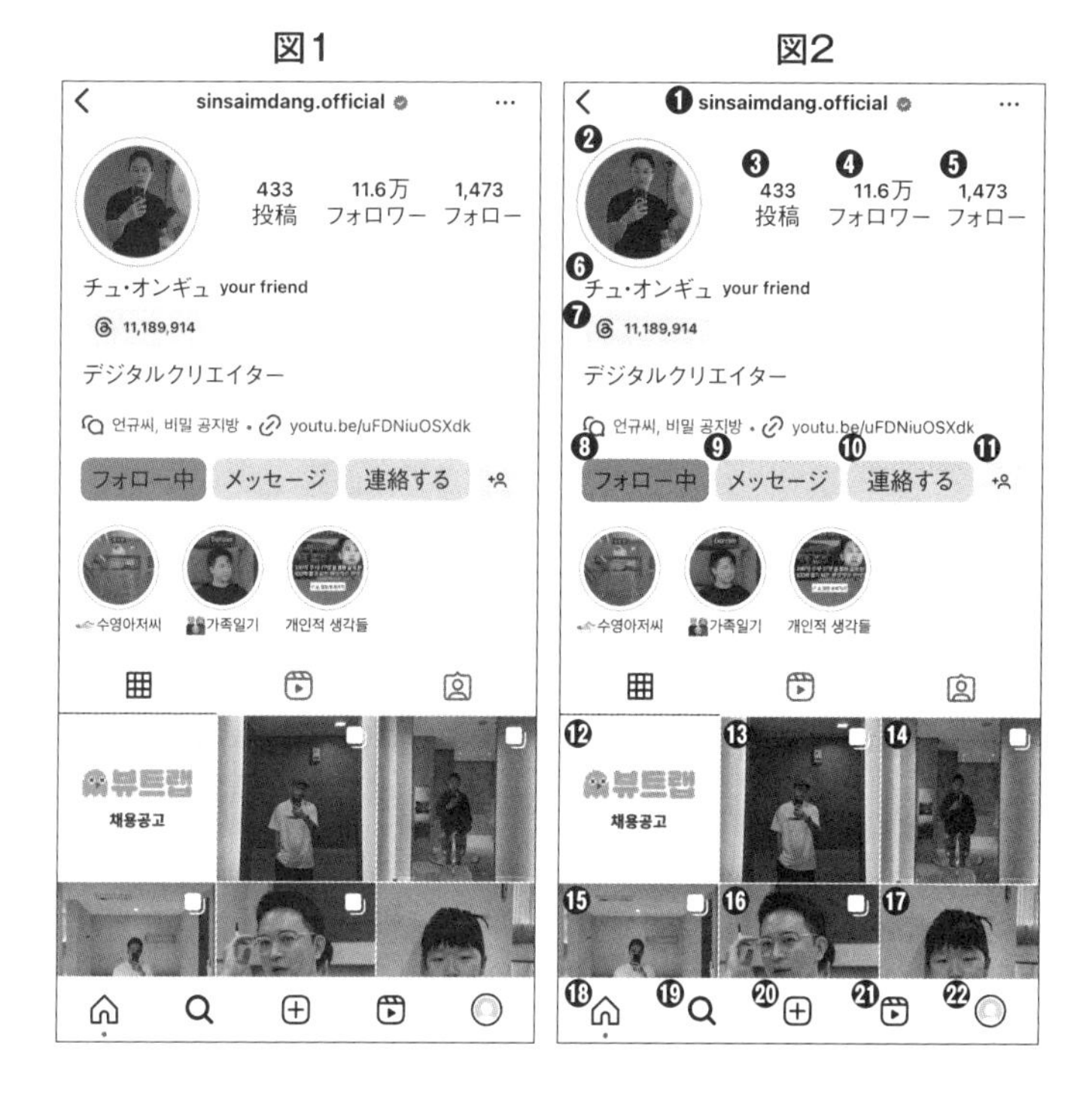

図1
sinsaimdang.official
433
投稿
11.6万
フォロワー
1,473
フォロー
チュ・オンギュ your friend
11,189,914
デジタルクリエイター
언규씨, 비밀 공지방 • youtu.be/uFDNiuOSXdk
フォロー中
メッセージ
連絡する
수영아저씨
가족일기
개인적 생각들
뷰트랩
채용공고
図2
sinsaimdang.official
433
投稿
11.6万
フォロワー
1,473
フォロー
チュ・オンギュ your friend
11,189,914
デジタルクリエイター
언규씨, 비밀 공지방 • youtu.be/uFDNiuOSXdk
フォロー中
メッセージ
連絡する
수영아저씨
가족일기
개인적 생각들
뷰트랩
채용공고

教えてくれる、親切なライバルが存在する望みは薄いからだ。

原理がわからなければ始めることすらできず、断念してしまうことになる。

こんなときは、**突然変異の要素をすべて細かくチェックする**という方法が大きく役立つ。リサーチした結果を参考に、自分がつくりたい商品やサービスの要素を1つずつ改善していくことで、全体の品質をぐんと高められる。

突然変異を真似して成功率を上げる

グルメインスタグラムの話に戻ろう。発見した突然変異アカウントでは、**図2の❸**の要素、つまり「投稿」の数が100件だったと仮定する。

このアカウントの初投稿がアップされてから、約50日が経過しているとしよう。それなら、自分も1日2件以上の投稿をアップするペースで、まず倍の100日間運営してみる、という基本目標を設定できる。

こうした形で、突然変異とのちがいを1つひとつ比較しながら、自分のアカウントの改善点を見つけ出す。今の自分とまったく同じ(または、とてもよく似た)ハンディや限界を抱えているにもかかわらず、成功を遂げている突然変異を発見する。それだけで、周りに大きく差をつけられる。

もう一度繰り返すが、何から始めたらいいかわからないときは、自分が挑戦したい分野の突然変異を模倣して、成功率を上げる練習をしよう。

では、突然変異の模倣に関する具体的な例をもう1つ見ていくことにする。

例2　チャンネルを開設したばかりの不動産投資系ユーチューバー、ドゥリ氏

ドゥリ氏は、不動産投資をテーマとしたYouTubeチャンネルを開設した。不動産に関するチャンネルが好きで、たくさん視聴してきたからだ。

彼は自分でも興味のあった請約（チョンヤク）〔韓国で新築マンション分譲の抽選に参加する際に必要な積立預金〕についての動画をアップしたが、再生回数は2ケタ止まりだった。

一方、登録者数50万〜100万人のチャンネルでは、ドゥリ氏と同じテーマの動画が順調に再生回数を伸ばしていた。ドゥリ氏の心には、こんな言い訳が浮かんでくるようになった。

「YouTubeは、今の時点で登録者が多くないとダメなんだな」

登録者数の力を実感したドゥリ氏は、努力の結果が出ないことに疲れてYouTubeをやめてしまった。

ここで、ドゥリ氏が「スーパーノーマルの法則」に従ったとしたらどうなるだろう？

心の中に浮かんだ言い訳をヒントにして、**「登録者が少ないにもかかわらず、成功したケース」**を探し始めるはずだ。「スーパーノーマルの法則」による予想シナリオは、次のようになる。

まずドゥリ氏は、国内の不動産関連チャンネルをすべて見つけてやるぞ、という意気込みでYouTubeをすみずみまで検索する。

今は登録者数の多い成功したチャンネルであっても、最初は小規模なチャンネルだったということを忘れてはいけない。現在の自分と同じような問題をクリアして、順調に成長を遂げているチャンネルを探してみる。

ここで、またしてもドゥリ氏は困難にぶつかる。開設から日が浅いにもかかわらず大きな反響を得ているチャンネルは、ほぼ「不動産投資の専門家」が運営しているということがわかったのだ。でも、心配しなくてもいい。**「運営者が不動産投資の専門家ではないにもかかわらず、成長しているチャンネル」**をあきらめずに探し出せばいいだけだ。

ちなみに、「串師任堂」がスランプに陥ったとき、我が社のＹｏｕＴｕｂｅ部門のスタッフは、毎日４００個以上の不動産関連チャンネルをモニタリングしていた。ドゥリ氏は、類似のテーマを扱う数多くのチャンネルを分析しながら、ついに自分が参考にすべき動画を発見した。

登録者数５０００人以下の小規模なチャンネルだが、ある動画がとてつもない再生回数を記録していたのだ。ドゥリ氏はこの動画を分析した。

タイトルは「盆唐（プンダン）（高級マンションが立ち並ぶ人気エリア。ソウル特別市南東部の京畿道城南市盆唐区に位置するベッドタウン）エリアの価格暴落マンションTOP10」。

チャンネルのオーナーは毎週このエリアに足を運び、実際に物件めぐりをするというコンテンツをつくっていた。このチャンネルこそ、ドゥリ氏がチャレンジしたい分野の「突然変異」だった。

「同じ初心者がつくったチャンネルなのに、どうしてこの動画は爆発的な再生回数を記録したんだろう？　盆唐の不動産価格暴落に注目している人が多いのか？　僕は、このチャンネルよりいいものをつくれるだろうか？」

さあ、ドゥリ氏がこれからやるべきことが明らかになった。

多くの人が「盆唐の価格暴落マンション」に関心を寄せていることがわかったので、これに似たテーマの動画をつくる準備をすればいい。

このとき、注意しなくてはならないことがある。

「盆唐のマンション」に関する動画はすでに大量に出回っているという点だ。

動画にかぎらず、製品やサービスでも同じことだ。

突然変異としてあなたの目に留まったとすれば、その製品やコンテンツはすでに多くの人々に知られている可能性が高い。当然、新しいものに対する消費者の期待も上がっている。

「それなら、自分はこれを超えるものをつくってやろう」と腹をくってこそ、新たに参入する市場で成功を収めることができる。


突然変異を探す段階から、「私は突然変異を超えてやるぞ」という心構えで取り組むことが大切だ。ＹｏｕＴｕｂｅの場合、発見した動画よりも「もっとおもしろくて、もっと有益で、もっと興味深い」コンテンツをつくり出すことができれば、持続的で爆発的な成長が可能となる。

裏を返せば、模倣戦略のカギは**「差別化」**ということになる。突然変異を見つけることさえできたら、解決策はすんなり手に入る。

考え方の流れ１　突然変異を探せ！

（言い訳）僕のチャンネルと同じくらい登録者が少ないチャンネルなのに。
（成果）「盆唐」「暴落」などのキーワードを使った動画が大ヒットしている。
（意見）盆唐のマンション価格暴落に注目している人が多いようだ。

考え方の流れ２　どんなポイントを模倣すべきか？

登録者数も少ないし、チャンネルのオーナーは不動産投資の専門家ではないみたいだ。だとしたら、人気の秘密は「テーマ」にある。僕も似たテーマの動画をつくってみよう！

考え方の流れ３　どんなちがいを出せるか？

でも、この動画は価格が暴落した狙い目のマンションを自分で調査しただけだから、ちょっと物足りないところがあるな。僕は京畿道（キョンギド）〔盆唐が位置する行政区画〕のマンション事情にくわしい専門家を探して、インタビューしてみよう。

現地の不動産屋を訪問して、リアルな声を聞いてみてもいいかもしれない。せっかくリサーチするなら、15戸ぐらいは紹介したい。

その次に、盆唐だけではなくて、ユーザーの関心が高そうな別のエリアにも範囲を広げてみよう。①人口が多く、もっとたくさんの人が注目しているエリア（たとえば京畿道）、②不動産価格が高く、物件を手に入れたがっている人が多いエリア（たとえばソウルの江南（カンナム）区）、③比較的価格が安くて実際に物件を買う人が多そうなエリア（たとえば仁川（インチョン）広域市）のマンションをリサーチすることにしよう。

このように、**突然変異を模倣しつつも、さらなるアイデアを加えながら質の高いコンテンツをつくっていくことが成功のカギ**となる。

「盆唐エリアの価格暴落マンション」というシンプルなタイトルにふくまれている要素を分解して、アイデアの幅を広げていけばいい。

「盆唐」というエリアを「京畿道」「ソウル特別市江南区」「仁川広域市」などに広げ、「マンション」という建物の種別を「オフィステル（オフィス兼用住居）」「アパート」などに変えていく。

突然変異の動画で紹介されているマンションが10戸なら、後続ランナーの自分は15戸以上の物件をリサーチする。動画内で取り扱うマンションの数を増やせば、ユーザーが関心を寄せている物件にヒットする確率も、いっそう高まるはずだ。


突然変異を発見できるようになれば、「自分はやっぱりダメなんだ」と嘆いて時間を無駄遣いすることはなくなる。成功の理由を探り出して、自分をアップデートするのに忙しくなるからだ。


天才は突然変異を探すという面倒な作業をする必要はない。世の中には、自分の感性に任せて行動するだけで何でもうまくいく人が存在する。

でも、天才をうらやむことはない。

天性のセンスを持つ天才だとしても、なんの努力もせずにいたらインスピレーションと才能が尽きて、進む方向を見失ってしまうかもしれない。

「天才と称された自分」がしだいに「優れたふつうの人」になっていくことに耐えら

れず、スランプに陥ることもあるかもしれない。

その点、ノーマルから「優れたふつうの人」を目指す僕たちは、こうした悩みを経験せずにすむ。優れたふつうの人になるために探すべきものは、インスピレーションや才能ではない。

もしあなたが僕と同じごくふつうの人で、特別な能力や無限の資金がない状態なら、「突然変異を見つけ出す」という戦略が大いに役立つはずだ。

成功の突然変異の条件

1　自分と似たような状況にある

2　自分にもできて、続けていけそうなことをやっている

3　予想外の圧倒的な成果を上げている

「他人の成功」を「自分の進化」の糧にせよ

あなたが見つけた突然変異が、「成功の突然変異の条件」の3つすべてを満たしているなら、あなたが模倣すべき「突然変異」だと言えるだろう。

まずは、**「自分と似たような状況にある」人が出した成果**ということが重要だ。

誰もが認める天才の成功を突然変異とみなすのは難しい。

サッカーを始めたばかりの人が、ロナウジーニョの得意技だったエラシコばかり練習したら、サッカーは上達するだろうか?

ずば抜けた実力や知名度を持つ人が出す成果は、基本的にレベルが高い。僕たちが探している突然変異ではないのである。

次に、**「自分にも続けていけそうなことをやっている」**という点もとても重要だ。

たとえば、誰かが莫大な費用をかけて成功させたことを、何度も真似しながら学んでいくのは現実的ではない。サムスン電子のように、多額の資金を投じて成果を上げるのは不可能ではないだろうか？

そして最後に、不利な条件にもかかわらず、**「誰も予想できなかったほどの圧倒的な成果」**が出たケースにはぜひとも注目しておきたい。

生きていれば、自分の人生にも突然変異が起こることがある。

ふだんどおりに写真や動画をSNSにアップしただけなのにバズったり、いつもと同等の費用で進行した仕事がとんでもない成果を上げたりする。

そんなとき、**「運がよかっただけだ。こんなことがいつまでも続くわけがない」**と思ってしまってはいないだろうか？

成功を持続させるステップに進むことができず、一度のまぐれ当たりで終わってしまうのは実に残念なことだ。

しかし、これよりもっと頻繁に直面する状況がある。**自分と似たような状況だった人の輝かしい成長を目にすることだ**。同レベルだと思っていた人が大成功した姿を見たとき、あなたはどう思っただろうか？

「あの人はうまくいったけれど、自分には無理だ」と思って、落ち込んだのではないだろうか。あるいは、他人の成功を認めたくない、という感情が頭をもたげたかもしれない。

「あの人にできるなら、私にもできるはず」

韓国には「いとこが土地を買うと腹が痛む」ということわざがあるが、誰かがうまくいったときに、嫉妬やひがみを感じてしまうのは、人間として自然なことだ。

しかし、成長のためには、他者の成功から学び取ろうという姿勢が欠かせない。**誰かの成功にケチをつける側に回った瞬間、貴重な突然変異の1例を捨ててしまうことになる**。

僕たちノーマルは、敵からも学ばなくてはならない。それが突然変異であれば、なおさらだ。

突然変異を発見する難しさを知ってから、僕は嫉妬やひがみといった感情を持たないように努力している。

なぜなら、自分と似たような条件下でも、圧倒的な成功を収めた人々がどこかに必ず存在し、彼らから学びを得ることによって、ワンステップ進化できる可能性があるとわかったからだ。**似たような環境、同じくらいの資金や時間で成功できた人がいるのに、自分にやれない理由はあるだろうか？**

誰かが成功した姿を見たとき、「あの人はやり遂げたけれど、私には無理だろうな」とめげてしまう人もいれば、**「あの人にできたなら、私にもできるはずだ」**と自分を奮い立たせる人もいる。成功できる可能性が高いのは、言うまでもなく後者だ。

これは僕が「申師任堂」で多くのお金持ちにインタビューをしながら知った、揺るぎない真実である。

レンタルスタジオを経営していた頃のことだ。1号店のあるエリアに、新しいスタジオが次々とオープンするようになった。

僕は競合相手たちを「あきらめさせ」たかった。自発的に経営を断念して去ってくれることを切に願った。しかし、僕がどんなに祈ったとしても彼らの心を操ることはできない。

そのとき、**あきらめるのは、当事者だけにできる〝選択〟なのだ**と気づいた。ライバルの事業をあきらめさせることは死んでもできないが、自分自身があきらめる選択をしないことはできる。

意志薄弱な性格だった僕は、そのときから突然変異探しを最後まであきらめなくなった。ふとチャンス（突然変異）が目に入ったら、がっしり捕まえて決して放さなかった。執拗（しつよう）なほどに調べ上げ、質問をする機会をつくろうと心に決め、学ぶことへのためらいを捨てた。すぐできることは、すぐ実行した。

これが、特別ではない僕が、韓国社会で成功するために選択した「生存戦略」だった。

成功を「1回かぎりの奇跡」で終わらせるな

突然変異を見つけたときに、気をつけてほしいことがある。

「ステップ1　『突然変異』を発見する」の核心は、ただ単に他人の真似をするということではないという点だ。他人のアイデアをそのまま盗むという行為は、法的にも倫理的にも許されず、絶対にやってはいけないことである。そして、盗作や単なる模倣では、消費者の心をつかむことはできない。

2023年のはじめ、僕はこの点に関する認識が甘かったせいで、大きな波紋を呼ぶことになった。

当時、僕はレクチャーする相手に対して、「（法的・倫理的に）問題になりそうな部分まで指摘してあげなくてはならない」という意識に欠けていた。

あるとき、僕がオンライン講義受講生の優れた成果をYouTubeでほめたことがあったのだが、これが大ひんしゅくを買った。このクリエイターが制作したコンテンツの中に、他人の台本をそっくりそのまま盗用した動画があったせいだ。

この事件によって、プロローグでお話ししたように、僕は毎月数億ウォン（約数千万円）の利益が出ていたサービスを急きょ中断し、事業をたたむことになった。給料が払えずスタッフに会社を辞めてもらうことになり、僕自身もかなりの打撃を受けた。

僕を反面教師にして、みなさんはこんな間違いを犯さないように、くれぐれも気をつけてほしい。

盗作は法的・倫理的にも大きな問題であるばかりか、実利的にも自分の首を絞めることになる。たとえば、自動車メーカーのA社が1人世帯向けのコンパクトSUVを発売して、爆発的な売り上げを記録したとしよう。

その後、ライバル企業のB社がこれにそっくりな車を販売したら、同じような売り上げを出せるだろうか？　消費者はバカではない。A社の新車のヒットによって「ひとり世帯のコンパクトSUVに対するニーズ」を把握できたなら、B社はもっと優れた機能とデザイン、B社ならではの武器を加えて消費者を惹きつける車を開発しなくてはならない。

これこそが真の核心だ。**自分と似たような条件下で成功した人々を見つけたら、そこから成功のヒントを探し出し、オリジナルとの「差別化」を図ることに焦点を合わせる**。

思いがけず突然変異を起こした人々は、自分が「なぜうまくいったのか」という成功の理由を自己分析しないことが多い。これでは、再び同じような成功をつかむことは難しい。たった1冊ベストセラーを出して消える作家や、一発屋の歌手みたいなものだ。こんな形の成功を望んでいる人はいないだろう。**一度の奇跡で終わらせないためには、突然訪れた成功事例を徹底的に分析する必要がある**。

模倣するだけでは、持続的で爆発的な成長を繰り返すことはできない。

ただ真似するだけなら誰にでもできる。この世には勘がよくて、実行力のある人がたくさんいるのだから。

どんなジャンルにおいても、突然変異が現れると、それを真似しようという試みがあちこちで繰り広げられる。やがて最初の新鮮な衝撃は消え、市場はたちまちレッドオーシャンになってしまう。

こんな戦いの中で生き残れるのは、どんな人なのか？

研究に研究を重ねて最良のものを生み出した人、誰も追いつけないような「差別化」を成し遂げた人だけが、圧倒的な成果を上げ続けることになる。

なんの変哲もないカップがバカ売れした理由

僕はスマートストアを運営しながら、このことを思い知った。

とあるスマートストアで、「アインシュペナー（コーヒーに生クリームを浮かべたドリンク。ウィンナコーヒー）用コーヒーカップ」という商品が不思議なほどヒットしたことがある。

利用者数がずば抜けて多いストアというわけでもなかった。僕はこれを突然変異だと判断した。なんの変哲もない耐熱ガラスのカップに「アインシュペナー」という流行りのコーヒーの名前をつけただけなのに、マグカップや一般的なコーヒーカップよりはるかに売れていたからだ。まさしくそこに消費者の欲求が隠れていた。

消費者は単なる「コーヒーカップ」にとどまらず、アインシュペナーなどの自分好みのコーヒーを入れるカップを求めていた。

だったら、「エスプレッソ用コーヒーカップ」「フラットホワイト（エスプレッソに泡立てたミルクを加えたドリンク）用コーヒーカップ」という商品を出せば売れるんじゃないだろうか？

そう思いついたからには、試さない手はない。すぐにこの名前で商品を登録して、消費者の買いたい気持ちを刺激するイメージ写真をつくってアップした。

結果は大成功だった。いち早く動いた甲斐があって、僕のスマートストアは該当カテゴリーの上位を占めることができた。

惜しかったのは、コーヒーカップにコーヒーの名前をつけること以上の差別化ができなかったという点だ。

実を言うと、僕はアインシュペナーやフラットホワイトの特徴が、よくわかっていなかった。「特別なコーヒーの名前がついたカップを購入する人が、なぜ増えているのか」という理由を、きちんと把握できていなかったのだ。

あのときもう少し掘り下げて考えていたら、フラットホワイトやエスプレッソにぴったりのコーヒーカップを徹底して研究したはずだ。

そして、コーヒーマニアの心をつかむ、差別化された商品を出していたことだろう。

こういった要領で、自分の後続ランナーを引き離す方法を研究していけば、圧倒的な成果をいっそう長く維持できる。

持続可能な成功のために、模倣を超えた差別化を図ろう。

ただ盗むだけでは、自分が望む結果を得ることは絶対にできない。繰り返すが、世の中は勘がよくて、実行力のある人であふれ返っているからだ。

この世にないサービスを生み出したいあなたへ

ときどき、僕のインスタグラムに「自分の未来について相談したい」というDMを送ってくる人がいる。切実なメッセージを読んでいると、レンタルスタジオの経営に行きづまって苦しんでいた頃、誰も僕に会ってくれなかったときのもどかしさを思い出す。なんとか助けてあげたいという思いから、実際に会って相談に乗ったこともあるし、そのエピソードをＹｏｕＴｕｂｅで公開したことも何度もある。

ときには、起業を準備している人から、こんなことを聞かれることもある。

「私は、誰も想像できなかったようなサービスを始める予定なんです。画期的なビジネスなんですが、うまくいくでしょうか？

チュ・オンギュさんから見て、成功の可能性はあると思いますか？」

僕はとてつもなく有能な経営者や事業家というわけじゃないし、占い師でもないから、こんな質問に明確な回答をするのは難しい。だから、事業が成功するかどうかを予測する代わりに、次のような答えを返す。

「念入りに準備をしていらっしゃるようなので、うまくいくと思いますよ。でも、今までこの世になかったような差別化されたサービスだとしたら、逆にリスクが高い場合もあります。

ただ単に目新しいだけになってしまっていないか、そのサービスを利用したがる顧客が確実に存在するのかどうかを、しっかりチェックしたほうがいいですね」

多くの人が「差別化」を事業成功のもっとも重大な要素だと考えている。スマートストアの例で説明したように、差別化はもちろん成功に欠かせない要素だ。

ただし、順序が間違っている。僕たちのようなノーマルにとっては**「模倣」が先で、「差別化」はそのあと**だ。

僕たちは、海のように広い市場に参入しようとしている生産者だ。たくさんの魚（＝顧客）を獲得してこそ、事業は成功する。このとき、どんなエサをまけば魚を集められるだろうか？　これまで世の中になかったオリジナルのエサを使うべきなのか？

僕ならいきなり冒険するのではなく、隣の釣り人にどんなエサを使っているのかたずねる。

釣り場の魚がどんなエサを好むのかがわかれば、自分も生産者としての競争力を持てるようになる。そのあとで、どんな魚を引き寄せるのかという「差別化」についてじっくり検討する。

なぜなら、魚が生まれてはじめて見たエサにすんなり食いつく可能性は低いからだ。

新しいものは不必要に思えたり、危険に見えたり、不便に感じたりされやすい。

つまり、顧客の立場からすると、選択するうえでのスイッチング・コスト※が高いのである。

※ 現在使用している商品や、サービスを別のものに切り替えるときにかかる費用。金銭的な費用にかぎらず、新しい商品に慣れるまでにかかる時間や心理的コストをふくむ。

消費者は慣れ親しんでいるものが好きだ

事業で成功を収めるには、生産者ではなく「消費者」の立場に立って、差別化を検討する必要がある。

ここで1つ、質問をしてみたい。あなたなら、どちらのサービスを選択するだろうか？

1 名門大卒のプログラマーチームがつくった、多機能な最新メッセンジャーアプリ

2 カカオトーク（韓国で利用者数トップのメッセンジャーアプリ）

差別化という面では、1の革新的なメッセンジャーのほうが優れているが、2つのうちどちらかを選べと言われたら、韓国のユーザーは2のカカオトークを選択する可能性が高い。日本の読者の場合は、現在使用中のLINEを使い続ける人が多いのではないだろうか。ユーザーにとっては、使い慣れたメッセンジャーのほうが便利で、心理的なスイッチング・コストが低いからだ。

実際、ユーザーのターゲットがカカオトークと重複する「LINE」も、インターフェース自体はカカオトークとそれほど変わらない。

成長市場に後発参入する場合、先発のサービスと大きくちがうものをつくっても、メリットがないためである。

では、韓国トップシェアのメッセンジャーであるカカオトークは、これから何をすべきなのか？　スタンプなどの機能の他に、圧倒的に革新的な機能を提供して、差別化のレベルをいっそう引き上げる必要があるだろう。ユーザーが他のサービスに流れないように囲い込む戦略、すなわちスイッチング・コストを高くする戦略だ。

チャンピオンと新参者では戦略が異なる

市場に新規参入する際は、逆にスイッチング・コストを下げなくてはならない。

2023年7月にリリースされたSNS「スレッズ（Threads）」を例に挙げてみよう。

X（旧ツイッター）の対抗馬としてメタ（Meta）がリリースしたスレッズは、爆発的なスピードで加入者を増やした。ツイッターは100万人のユーザーを獲得するまでに2年かかったが、スレッズはたった1時間でこれを達成した。

なぜこれほど短期間で成長できたのか？

既存のサービスであるインスタグラムと連携して、スイッチング・コストを大幅に下げたからだ。

まずスレッズは、インスタグラムとほぼ同じインターフェースを備え、ライバルのXよりも投稿できる文字数や画像の枚数が多い。

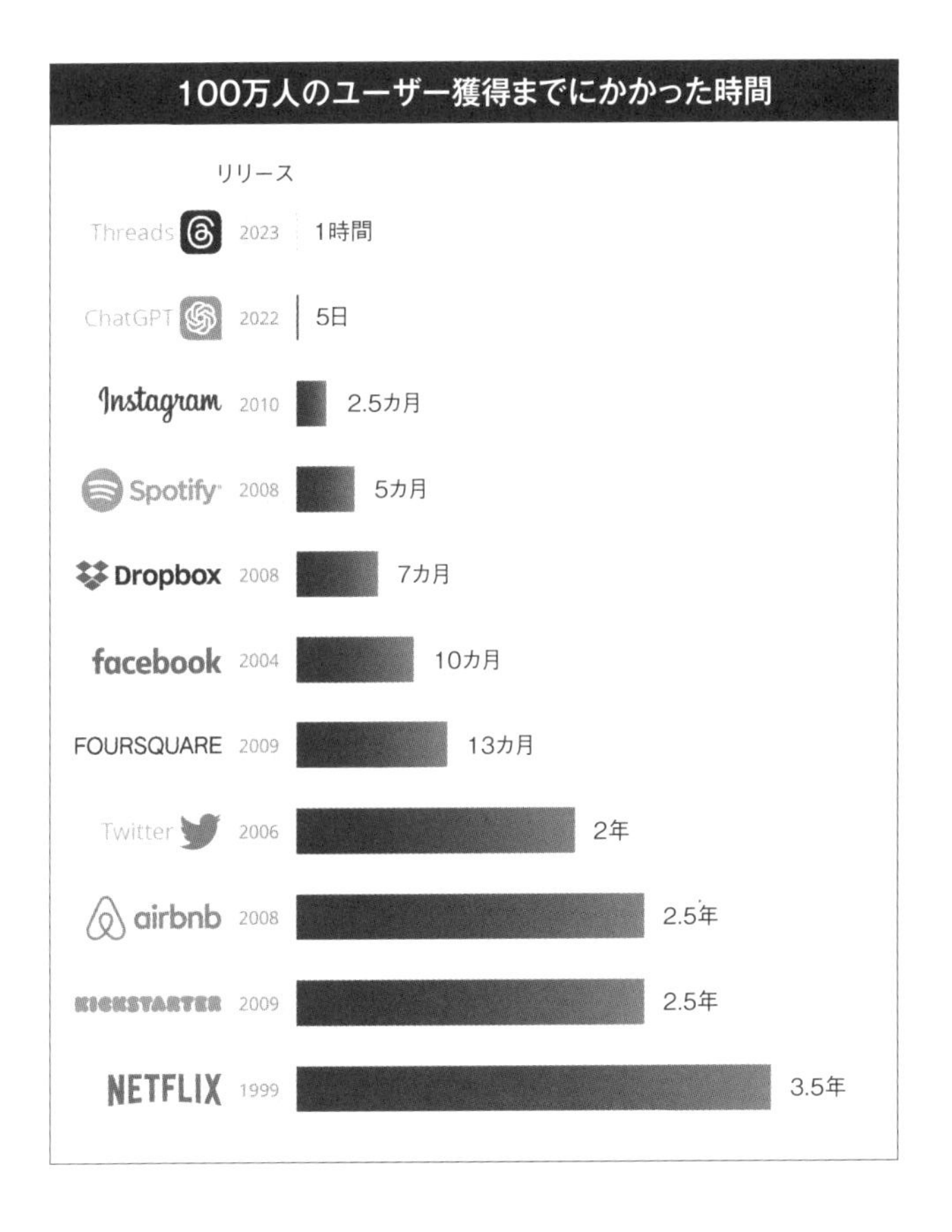
100万人のユーザー獲得までにかかった時間
リリース
Threads 2023 1時間
ChatGPT 2022 5日
Instagram 2010 2.5カ月
Spotify 2008 5カ月
Dropbox 2008 7カ月
facebook 2004 10カ月
FOURSQUARE 2009 13カ月
Twitter 2006 2年
airbnb 2008 2.5年
KICKSTARTER 2009 2.5年
NETFLIX 1999 3.5年

インスタグラムのアカウントで使っているアイコンや自己紹介文を、そのままインポートでき、フォロー・フォロワー関係も引き継ぎやすい。

これによって、20億人を誇るインスタグラムユーザーの一部が、抵抗感なくスレッズに流入したのだ。

トップの座にいるチャンピオンと、挑戦者の戦略は異なる。

あなたは今チャンピオンなのか？

あるいは、これから市場に参入する挑戦者なのか？

挑戦者なら、まずはスイッチング・コストを下げて規模の大きい市場に入り込もう。

そのあとで、差別化戦略について考えていく。これがノーマルの戦略だ。

過酷な環境でどう生き残るか？

ノーマルにとって、「模倣」はなぜ有効なのだろうか。

資本主義社会において厳しい競争が繰り広げられているように、自然界の生物も生存競争を繰り返しながら進化してきた。自然界で生き残れるのは、置かれた環境にすばやく適応して子孫を残した種だけだ。

そのため、自然界の生物は、生き残るために多くの子を産むという戦略をとる。

ショウジョウバエを例に挙げてみよう。

ショウジョウバエは、短い一生の間に数千個もの卵を産む。通常は赤い眼をしているが、白色や朱色、セピア色の眼を持って生まれるものや眼が見えないもの、はねが退化して飛べないものなど、突然変異がとても多い。

ところが、こうした突然変異体を自然界で見つけることは難しい。

その多くは環境に適応できず、淘汰されてしまうからだ。**突然変異体は環境に適応できるように進化を遂げた場合にのみ、生き残ることができる。**

先天的にメラニンが欠乏したアルビノの動物を、野生環境で見かけることが少ないのはなぜか？　それは、白い毛や皮膚が目立ち、天敵のターゲットになりやすいからだ。彼らが自然界で生き延びるのは、とても難しい。

このように、突然変異体が生き残りに成功するケースはまれだ。

彼らの変異が自然界と合致して、生存に有利となり、繁殖して「進化」できなければ淘汰されるだけなのだ。

人為的な進化を起こすために、突然変異を見つけよう

では、人間が生きる世界、その中でもビジネス界の生態系はどうなのか？

資本主義社会の過酷さは、自然生態系に劣らない。数多くの企業が利益を出すために、さまざまな戦略を打ち出して、激しい競争を繰り広げている。

莫大な資金を投じ、優れた技術力で製品を開発しながら、有名人を起用した広告を打って、市場をリードしようとしている。その試みの多くは失敗に終わり、長く生き残る企業はほんのひと握りに過ぎない。

こんな過酷な無限競争の社会で、あなたはどうやって生き残ればいいのか？

莫大な資金も優れた技術力もなしに、ビジネスの世界でどうやってお金を稼いでいけばいいのだろうか？

幸いなことに、僕たちにはノーマルの戦略がある。

平凡な人の中にも、ときには不思議なほど優れた成果を出す人がいる。

こうした突然変異に注目し、積極的に模倣してアレンジすれば、同じような成功を遂げることができる。

はねのないショウジョウバエは、自分がなぜ淘汰されたのかわからないだろうし、死なずに子孫を残すことに成功した突然変異体は、なぜ自分が生き残ったのかわからないだろう。

しかし、人間はショウジョウバエとはちがう。**「誰が、なぜ生き残ることができたのか」**を理解でき、生き残るために成功事例を模倣できる能力を持っている。

過酷な世界の中で、あなたがまだショウジョウバエのように無力な存在なのだとしたら、身の回りの突然変異を探し出し、次のように自分への問いかけを繰り返していこう。

「これはなぜうまくいったんだろう？

私にも真似できるだろうか？

これを真似したら、成功を繰り返せるだろうか？
誰も追いつけないほどの差別化された結果を出すには、
何をすればいいだろうか？」

こんな問いかけを繰り返し、成功事例を真似することで、あなたは生き残れる。

自然界のショウジョウバエにはできないことを、あなたはやり遂げられる。

さあ、ここからは模倣を越えた進化を目指して、「スーパーノーマルの法則　ステップ2」へと進もう。

スーパーノーマルの思考法

先行者の成功ルートをたどれ

「情報弱者」に適した最高の戦略

あなたは「平凡な人」だろうか？

もう一度言うが、数百億ウォン（約数十億円）以上を所有するお金持ちや、特別な才能を持つ天才は、この本を読む必要がない。

僕はYouTubeの運営について研究し、この界隈にも天才がいるという事実を知った。たとえば、約40万人のチャンネル登録者を持つNojam Botことチョ・チャニ氏。

彼は、名実共に「顔の天才」（完璧なビジュアルを持つ人を指す韓国の流行語）だ。勉強している様子をＶｌｏｇにアップするだけで大きな話題を呼び起こし、瞬く間に40万人の心をとらえた。

僕には無理だった。イケメンでもないし、トークがうまいわけでもなく、一分野に特化した専門家レベルの知識もなかった。

だから当然、ＹｏｕＴｕｂｅを始めたばかりの頃に立ち上げたいくつかのチャンネルは、失敗に終わった。しかし、突然変異を模倣しつつ差別化を図る戦略によって、ついに「申師任堂」というチャンネルを成功させることができた。

この戦略は、あなたにも大きな成果をもたらすことだろう。

これから新しいことを始めようとしているなら、あなたはその世界では「初心者（もっと厳しい言い方をすればビリ）」ということになる。

初心者にとって最大の弱点は、**「情報の非対称状態にある」**ということだ。

これは、新たに市場に参入するときに、その市場について知っていることが少ない、という意味である。

このときベストな選択は、**その分野で自分より先を行く人が成功した秘訣をリサーチして、同じルートをたどること**だ。

何かを身につけるために、その道のプロによる講義を受けた経験がある人も多いのではないだろうか？　突然変異から学ぶ姿勢もこれと変わらない。

今チャレンジしなければ、もっと多くのものを失う

「現実的に考えて難しいです。私には能力もお金も時間もないんですよ！」

こんな弱音が聞こえてきそうな気がする。

これは、挑戦する前からあきらめようとする心の動きだ。

僕はＹｏｕＴｕｂｅチャンネル開設の講師をしながら、大勢の人がこんなことを言

うのを聞いてきた。

ＹｏｕＴｕｂｅでお金は稼ぎたいけれど、やっていける気がしない。自分がやろうとしているジャンルには、すでに数百万人のユーチューバーがいるから、今さら始めたってムダだ。

まだ動画をアップロードする方法すらマスターしていないのに、初心者だからうまくいくはずがないと嘆く。そして、あきらめる理由だけが毎日増えていく。

考え方を変えてみよう。ＹｏｕＴｕｂｅを始めたばかりのあなたは、その世界ではビリだ。それなら、もっと気持ちをラクに持てばいい。

トップユーチューバーは、自分の座を守るために常に不安を抱えている。自分の真似をしようとする後発のユーチューバーたちを引き離すために、革新を続けなくてはならない。

失敗は許されず、踏み出す一歩一歩が重い。新しいチャレンジをするときは、とてつもないプレッシャーに襲われる。

でも、ビリならこんなストレスを感じることはないし、どんなことにも挑戦でき

る。**失うものがないからだ**。

ビリのうちにチャレンジをしなければ、確実に損をする。

僕は2023年に『ザ・タイム・ホテル』（TVINGで放送。約3000万円の賞金をめぐって、出演者がホテルに宿泊して競い合う）というサバイバルバラエティ番組に出演したことがある。

ここでは時間が通貨になる。時間をすべて使い切ると、ホテルをチェックアウトしなければならない。何かに挑戦すると、その結果によって時間を失うこともあれば、時間を貯畜できることもあるというルールだ。

こんな世界にいるなら、自分のチャレンジについてじっくり検討したほうがいいだろう。でも、僕たちの人生はこのゲームとはちがう。

今日使わなかった時間を明日に回したり、貯畜したりすることはできない。

使わなかった時間は消えてしまうだけだ。今日、なんの挑戦もしないことのほうが、挑戦して失敗するよりもずっとリスクが高い。

恐怖を感じる対象を変えていこう。

失敗するかもしれない、時間がムダになるかもしれないと怖がってチャレンジをためらうのは間違っている。

何もせずに1日が終わることにこそ、恐怖を感じるべきだ。

運よく成功した投資家は、

運を自分の実力だと勘違いする。

——ナシーム・ニコラス・タレブ

(『反脆弱性——不確実な世界を生き延びる唯一の考え方』
『ブラック・スワン——不確実性とリスクの本質』著者)

ステップ 2

プロセスを「運」と「実力」に分解する

突然変異の真似をしたのに、うまくいかない!?

僕は、創造力のない人でもスーパーノーマルになれると信じている。

特別な才能がなくても、1カ月の稼ぎを今より100万ウォン（約10万円）ぐらい増やすことは誰にでもできる。そんなふうにスーパーノーマルの人生は始まる。

自己啓発書の中には「成功した姿を想像するだけで夢が叶う」と説くものもある。

しかし、そこには残念ながら「どんなことを計画して、実行したのか」が書かれておらず、空虚な叫びにしか聞こえないことが多い。

「何を、どこから、どうやって始めたらいいんだ？」

僕自身、どこから何に手をつければいいかわからなくて悩んだことが何度もある。

ここからは、かつての僕のように頭を悩ませているみなさんに、具体的な実行プロセスをくわしく説明していきたい。才能がなくても、意志が弱くても大丈夫だ。

この本は、順序どおりにきちんと真似をしていくだけで成功できる **「注入式自己啓発書」** だからだ。

真似をするだけで成功の確率がアップする「突然変異」の概念を、「スーパーノーマルの法則　ステップ1」として最初に解説した理由もここにある。僕はこの概念の重要性を、自社のスタッフとYouTube講座の受講生にも、たびたび強調している。ところが、ステップ1を実践しても効果がなかったと訴える人がいる。

「ダメでした！　チュ・オンギュさんに言われたとおりに、突然変異を探して真似してみましたが、効果がありません！」

僕のYouTube講義の受講生の中には、「『スーパーノーマルの法則　ステップ

1』に沿って、自信作の動画を数本アップしたのに、登録者が増えない。もうやめたい」という人がときどきいる。いったいなぜだろうか？

これからお話ししていく「スーパーノーマルの法則　ステップ2　プロセスを『運』と『実力』に分解する」をマスターすれば、その答えが見えてくる。

これは、突然変異を発見したあと、自分がやるべきことについて計画を立て、それを実行していく段階だ。

「ステップ1で突然変異を模倣したけれど、壁にぶつかった」という人は、次の法則をぜひ実行してほしい。成功の確率がぐんと高まるはずだ。

スーパーノーマルの法則　ステップ2

プロセスを「運」と「実力」に分解する

1　ビジネスや自分がやりたいことの全体的なプロセスを整理する
2　1を「運」にかかっているものと、「実力」にかかっているものに分ける

「運」と「実力」をごちゃまぜにしていないか？

あたりまえの話だが、突然変異を真似したとしても、毎回いい結果を出せるとはかぎらない。

うまくいかなくてやきもきしている人に、僕は「あなたが今すぐにいい結果を出せないのは、当然のことだよ」と言うことがある。気休めの言葉ではない。何度もチャレンジを繰り返してきた僕は、**あらゆることの成否は、2つの要因の組み合わせによって決まる**という事実を知っているからだ。

その2つとは、神様がくれた**「運」**と、自分の**「実力」**である。

あなたがYouTubeのアカウントをつくって、動画を1本アップしたとしよう。どんなにコンテンツの質が高かったとしても、うまく露出が増えないなどの理由で運悪く失敗することがある。逆に、動画の質がそれほど高くなくても、運に恵まれて大バズりすることもある。

このように、あらゆる物事の成否は、「運」と「実力」という2つの要素が作用することによって決まる。それにもかかわらず、僕たちは何かの結果を「運が悪かった」、あるいは「実力不足だった」という言葉で簡単に片づけてしまう。

運も実力のうちだ、と決めつけてしまう人すらいる。

深く分析せずに、2つのうちのどちらかだと結論を下せば、気はラクになるかもしれないが、それ以上の成長は見込めない。

投資戦略家のマイケル・J・モーブッシンは、著書『偶然と必然の方程式 仕事に役立つデータサイエンス入門』（日経BP）の中で、次のような趣旨を述べている。

「さまざまな形で結み合わさった運と実力が、私たちの人生を左右している。

それにもかかわらず、運と実力を正しく区別することができている人はほとんどいない」

僕はこの本からステップ2「プロセスを『運』と『実力』に分解する」のアイデアを得て、自分のビジネスに取り入れてみた。運と実力がどんなふうに組み合わさって結果が生まれるのかをリサーチし、対策を立てたのである。

ステップ2は、突然変異を模倣する作業の、全体的なプロセスを整理するところから始める。その次に、**「運の領域」**と**「実力の領域」**を区別して、1つひとつ確認していく。ややこしすぎるって？

これは、お金と時間、エネルギーを効率的に使うために、もっとも重要なステップであることを強調しておきたい。

「運の領域」と「実力の領域」をごちゃまぜにしてしまっている人の例を挙げてみよう。

平凡な人たちが集まって、ロトの勉強会を開いている。彼らは「ロトの1等の当選番号には法則がある」と信じ、お金と時間をかけて研究する。

ロトについて研究すれば、本当に1等を当てられるのだろうか？　約800万分の1の確率を勉強によって向上させられるのか？　不可能だ。

ロトが当たるかどうかは、ほぼ100％運にかかっているからだ。

はっきり言って彼らは無駄金を使い、時間を浪費しているだけである。

どう考えても運の領域なのに、実力を上げるためにがんばるのは時間の無駄だ。

目標を達成するには、情熱と時間、お金をどこに注ぐべきかを判断して、愚かな努力を避けなくてはならない。

つまり「分解」は、成果につながる賢い努力をするための準備段階なのだ。

「運」と「実力」を勘違いした悲劇

もし50億ウォン（約5億円）の資産家に投資するとしたら、あなたは2人のうちどちらを選ぶだろうか？

1　月給200万ウォン（約20万円）の会社員だったが、ロトに当選して50億ウォンを手にしたウンス氏

2　貧しかったが、成功する方法を必死で考えて、ビジネスで50億ウォンの収益を得たジユン氏

僕なら、**2**のジユン氏が成功する確率が高いと確信する。**1**のウンス氏は運がよかっただけだが、ジユン氏は実力によって成功をつかんだからだ。

もし次の人生があったとしたら、ウンス氏は再びとんでもない幸運に恵まれないかぎり、平凡な会社員として生きるだろうが、ジユン氏は根性と実力によって、また事業を成功させられるはずだ。

真の実力を備えた人は、たとえ運悪く何度か失敗したとしても、いずれは成功できる可能性が非常に高い。

一方、「運」を「実力」と勘違いすると悲劇が起こる。

あるロト依存症の男性のドキュメンタリーが、テレビで放送されたことがある。

この人は、好奇心ではじめて買ったロトで、100万ウォン（約10万円）以上の当選金を手にした。

問題はそのあと、毎日のように20万ウォン（約2万円）以上のお金を、ロトにつぎこむようになったことだ。残念ながら二度目の幸運は訪れず、彼は酒浸りの荒れた生活を送るようになった。

たまたま訪れた幸運を再びつかめると勘違いした人は、悲惨な結果を迎える。彼はほぼ運任せのロト当選を自分の実力と勘違いしたせいで、大金をどぶに捨ててしまったのだ。

ビジネスにおいても、運と実力をしっかり区別することが大切だ。

運が大きく影響する部分に、資金をつぎ込んで無駄遣いしていないかどうか、必ず確認しよう。

この世のすべてのものは「運」の影響を避けられない

1日中、部屋に閉じこもってロトを研究している人や、サッカーくじで全財産を使い果たしてしまう人は、どう考えても愚かである。

運を実力と勘違いして、たった一度の人生を無駄にしている。その一方で、これとは正反対の愚か者も少なくない。それは、運の影響をまったく意識しない人だ。

事業が軌道に乗って成功街道を走り始めたとき、いちばん気をつけなくてはいけないのは何かご存じだろうか？　それは、**「思い上がり」**だ。

収入が会社勤めだった頃の2倍、3倍に上がっていき、数千万ウォン（約数百万円）が入金された通帳を見ていると、つい鼻高々になってしまう（もちろん僕にもそんな時期があった！）。

でも、こんなときこそ、謙虚な姿勢を失わないように心がけなくてはならない。単なるマナーの問題ではない。**実力以上の運に恵まれて成功できた可能性も高いから、くれぐれも油断は禁物だ。ここから着実に実力を上げていけば、その成功を長く維持できるようになる。**

一方、運を実力と勘違いしているせいで不安を感じ、追いつめられてしまう人もいる。僕が一緒に仕事をしている編集者は、自分が担当した書籍をなんとしてでもヒットさせなければならないというストレスに苦しんでいた。本が売れなかったら、とてもつらい気持ちになるという。

僕は、ベストセラーになるのはどんな本なのかを彼に聞いてみた。

「大まかに4つの条件があります。

1つめは、著者が影響力の高い人であること。

2つめは、本を幅広く知らせるマーケティングをすること。

3つめは、本の内容がいいこと。

4つめの条件は、運に恵まれることです。ベストセラーになるには運が必要です」

「そのうち、あなたが自分でコントロールできるものは?」

「マーケティングと本の内容ぐらいですね」

「それなのに、どうして4つとも自分の責任だと考えて、ストレスを感じているんですか?」


実際、会社で重宝されるのは彼のようなタイプだ。

運の領域まで実力の領域だと思い込み、「僕にすべて任せてください!」と飛び込んでいく社員。

こんな情熱的な社員がいれば、会社としてはありがたいだろう。逆に、次のような社員をほしがる会社はないはずだ。

「私が担当する仕事の内容を、運と実力の領域に分解してみました。

〇〇については運の領域なので、どうしようもありません。
△△は実力の領域なので、私がこのようにやってみました。
だから、売れなくても私のせいではないし、
ヒットしたとしても別に私の手柄というわけじゃありません」

こんな社員を好む社長がいるだろうか？

しかし、この本を読んでいるあなたが会社員なら、**「もう会社の奴隷になるな」**とお伝えしたい。社内のプロジェクトがうまくいかなかったとしても、すべてがあなたのせいというわけじゃない。


会社員生活というものは、実に過酷だ。

自分がミスをしたわけでもないのに、結果を出せなければ評価が下がる。

不運が続いて何度もプロジェクトが失敗すると、重要な業務を任せてもらえなくなり、成果を出すのがいっそう難しくなる。

だから僕はいつも、「自分で事業をするのと同じくらい、会社勤めも大変だ」と話している。

会社で進行される数々のプロジェクトの中には、実力の領域だと信じていても、運に左右されるものがある。

プロジェクトが成功するか失敗するかは、それこそ運の問題だ。しかし、会社は責任の所在を明らかにしようとする。ポスト競争と昇進がかかっているからだ。

そのため、運悪く発生したミスの責任を負わされる人もいれば、たまたま運よく成功した仕事を功績として認めてもらえる人もいる。

だからこそ、職場では人間関係がとても重要だ。社内でのパワーゲームに勝利するのは、ほとんどの場合、**「味方が多い人」**だからだ。

「運を操る」という、この世でもっともバカバカしい言葉

運と実力の領域をごっちゃにして、無理難題を押しつけてくる上司がいる。
どれだけ有名なお守りを買っても、運を操ることはできない。
それにもかかわらず、まるで運を操るような業務を命じられるケースは少なくない。
会社の重役が、部下にこんな指示を出したとしよう。

「キム係長、我が社の公式YouTubeは、まだ1000人しかチャンネル登録者がいないな。今年中に100万人に増やしてくれ」

キム係長が1年以内に登録者を100万人に増やせる可能性はあるだろうか？　この会社には、ＹｏｕＴｕｂｅの登録者数を短期間で激増させるノウハウや、マニュアルがあるわけではない。経験と実力が不足している。だとしたら、ほぼ運任せで登録者数が増えることを願うしかない。キム係長にとっては、かなり理不尽な状況だ。

企業内では、こうした形の意思決定がしばしば起こる。上層部がやみくもに高い目標を一方的に掲げ、具体的な指示もないまま、社員に達成を命じる。予算や時間をいかに有効に割り当てるか、というリソース管理については考えもしない。それどころか、なるべく時間もお金もかけずに成果を上げろと命じ、夢物語のようなビジョンを並べる。結果は火を見るより明らかだ。

社員は目標を達成できず、自分の実力不足のせいだと感じて落ち込む。
会社は目標を達成できなかった社員の評価を下げ、年俸据え置きの口実にする。
これらは巧妙に成り立っていて、もっともらしく見えるので、社員は会社を辞めることができない。
こんな形の目標設定は、次のような無茶な命令と大して変わらない。

「キム係長、宝くじを当てる方法を研究してみてくれ」

具体的な戦略もないのに、むやみに高い目標を設定するのは、全面的に「運」に頼るようなものだ。こんな会社で働いていても成長は見込めないから、早めに退職したほうがいい。

ところが、こんな会社よりも厄介なのは、**実現不可能な目標を立てて、自分自身を追いつめてしまうこと**だ。
なんの戦略もないのに、「10年以内に50億ウォン（約5億円）稼ぐ」「1年以内に登録者数100万人突破」といった高い目標を設定して、自分を苦しめていないだろうか？
何から実行すればいいのかわからず、プロセスを分解したこともないのに、目標を成し遂げられるのか？

「運」という奇跡だけを望む人の末路は、前出のロト依存症の男性の例でお話ししたとおりだ。僕は、大切なお金と時間を運任せにはしたくない。

「僕はお金持ちになれるはずだ」と信じるだけで、奇跡を起こせるとも思わない。

スーパーノーマルになるには、その逆の道を歩まなくてはならない。

漠然と願うのではなく、具体的な実行のステップを1つひとつ把握しよう。

そして、それぞれのステップを、努力すれば伸ばしていける「実力の領域」と、自分の力だけではどうすることもできない「運の領域」に区別する。

そのうえで、限られたリソースである、お金と時間をどこに投じるか決めていこう。

運と実力を区別すれば、今やるべきことが見えてくる

切実に願えば叶う、という「引き寄せの法則」が流行したことがある。強くイメージするだけで、本当に実現の可能性は高まるのだろうか？

引き寄せの達人と僕が5回ずつコイン投げをしたとき、一時的にはもしかしたら相手の勝率のほうが高いかもしれない。しかし、コイン投げの回数を1万回に増やせば、最終的な勝敗は五分五分になると断言できる。僕のすべてを賭けてもいい。

ここからは、「分解のプロセス」をたどっていこう。

プロセスを運と実力に分解できれば、引き寄せの法則みたいなものに頼らなくても、

自分の事業を成功させるための糸口が見えてくる。

まずは突然変異、つまり、自分が模倣しようとする作業のプロセスを、最初から最後までひと目でわかるように整理することから始める。プロジェクトの開始から終了までの工程を、順番に書いていけばいい。

たとえば、「24時間無人カフェ」を開きたいなら、エリアの分析、テナントの契約、店舗の内装工事、開業届の提出、オープンイベントの告知、開店後の広報といった工程が必要だ。こんなふうに、なるべくくわしく書いてみよう。

僕の専門分野である「ＹｏｕＴｕｂｅの運営作業」を簡単に整理すると、次のようになる。


テーマ選び↓タイトル決め↓サムネイルのデザイン↓台本作成↓撮影↓編集↓動画のアップロード↓チャンネルの成長

そして、この次に行う作業がとても重要だ。

それぞれの工程について、「運」の領域に属するものはどれで、「実力」の領域に属するものはどれなのかを1つひとつ区別していこう。

たとえば、5歳の子どもと腕相撲をするとしよう。

あなたは、わざと負けることができるだろうか？

100回でも負けられるはずだ。腕相撲の勝敗は「運」のいい悪いではなく、絶対的な「実力」の領域に属するが、あなたの実力は子どもよりもはるかに高いからだ。

では、サイコロ投げゲームならどうだろう？

勝敗を自力で操ることはできない。サイコロ投げは、実力の要素が徹底的に排除された「運」の領域に属するため、たとえ相手が子どもでも、わざと負けることはできないし、毎回勝つこともできない。

もし「運」と「実力」の領域を区別するときに迷ったら、こんなふうに**「わざと負けられるかどうか？」**を基準にすればいい。

初心者を相手にわざと負けられるなら「実力」の領域、できないなら「運」の領域だ。

わざと負けることのできる腕相撲は「実力」の領域に属するが、わざと負けられないサイコロ投げゲームは「運」の領域に属しているというわけだ。

「運」と「実力」を区別する方法

わざと負けることができる↓実力
わざと負けることができない↓運

どんなプロジェクトも「分解」が必須

僕はYouTubeの動画制作について、運と実力の領域を左ページの図のように区別している。

わざと台本を適当に書いたり（4）、撮影（5）と編集（6）のクオリティーを下げたりすることは十分に可能なので、これらは実力の領域だ。

一方、社会の大きな関心を集めるテーマを意図的に生み出すことは難しいので、テーマ選び（1）には運と実力の領域が混在している。

こんなふうに分解を終えたら、次は「YouTube事業」を成功させる方法を考えてみよう。動画の再生回数と登録者数を増やすには何をすべきか？

まずは実力を高めなくてはいけない。

台本をうまく書き（4）、撮影と編集のクオリティー（5・6）をアップさせればいい（運の領域で成功率を高める方法は、「スーパーノーマルの法則　ステップ4」で説明する）。

YouTube動画制作における「運」と「実力」の区別

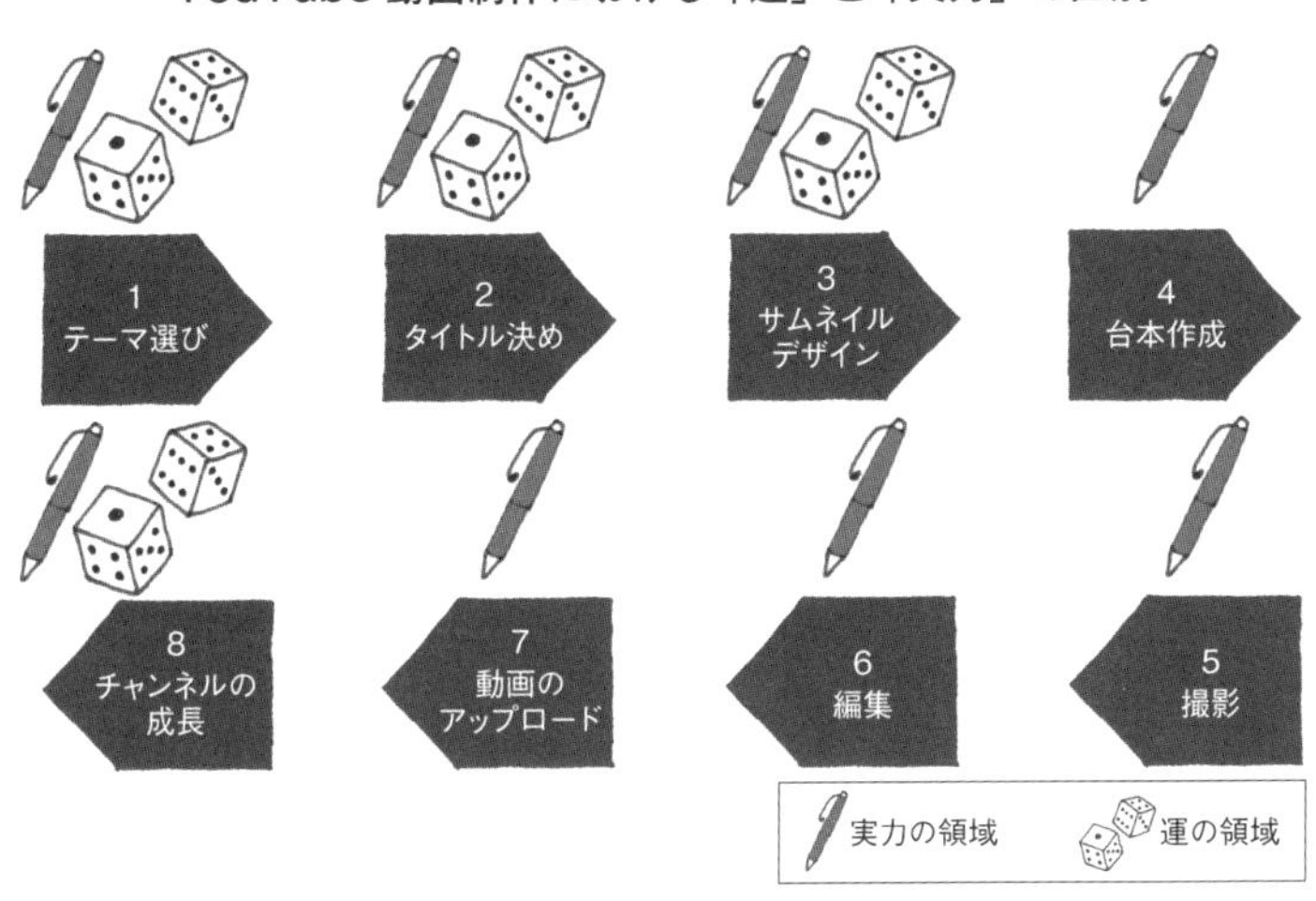

何かを成功させたいとき、実力が必要な領域では実力を上げればいい。

しかし、運の領域において実力を高めようと努力しても、ほとんど意味がないということを忘れないでほしい。

どんなプロジェクトに着手するときも、まずは「分解」の作業が必要だ。

運が必要な領域で実力を高めようと無駄な努力をしたり、実力が必要なことを運任せにしたりといったミスを未然に防ぐためだ。

限られたリソースを間違った部分に使い果たしてしまうと、本当に使うべきところに使えなくなる、という悲劇が起こる。運の領域を鍛えようとするのは、お金や時間の無駄遣いに過ぎない。

トレーニングとトライは、どちらも「回数をこなさなくてはならない」という点で似ているため、混同しやすい。

トレーニングが必要なものは「実力の領域」であり、何度もトライすることが必要なものは「運の領域」だ。

体系化されたトレーニングを重ね、トライを繰り返すには、プロセスの整理が必要だ。心のおもむくまま手当たり次第にがんばっても、爆発的な成功を収めることは絶対にできない。

ここからは、運と実力、それぞれの世界の戦略を具体的に見ていこう。

「運の領域」には運の戦略を、「実力の領域」には実力の戦略を使え

ギャンブルに全財産をつぎ込んで、荒廃した生活を送る人が、もしギャンブルをする前に、運と実力の領域をちゃんと区別できていたらどうなっていただろう？

宝くじの当選は、偶然の幸運に過ぎないとわきまえて、当選金でほしいものを買ったり貯蓄をしたりしていたはずだ。

プロセスを運と実力に分解できていれば、ビジネスでビギナーズラックを体験したとしても、うぬぼれてしまうことはない。企業の重役が、ロト当選のような非現実的な売り上げアップを夢見て、社員を駆り立てることもないだろう。

このように、**分解は「無駄なこと」を未然に防ぐために、とても重要な過程**だ。

分解が終わったら、次は資金や時間、労力といった大切なリソースを投下するポイントを決めていこう。

実力の領域にリソースを惜しみなく投じれば、成功の確率を高められる。

たとえばYouTubeを始めたい人の場合、台本を書いて動画を編集することに慣れていないなら、書籍やセミナーを活用してスキルアップすればいい。

資格取得を目指しているなら、学習効果の高い講座を受けて一発で合格できるくらいまで実力を上げればいい。実力の領域では「努力」の価値が光を放つ。

一方、運の領域に莫大なリソースを一気に投じても、損するだけだ。

ロトに全財産をつぎ込むわけにはいかない。運がよければ成功するが、運が悪ければ完全な失敗に終わってしまう。

運の領域で成功確率をアップさせる唯一の方法として、僕が悟ったのは**「できるかぎりたくさんトライする」**ということだ。

サイコロを何度も投げれば、いつかは6が出る。つまり運の領域では**「頻度」**がカギとなる。ただし、一度トライするときにかかるリソースを、最小化しなくてはならない。そうすれば、トライする回数を増やせる。成功確率を高めるスーパーノーマルの次のステップに関するヒントがここにある。

「実力の領域」で最速かつ効率的に学習する方法はステップ3で、「運の領域」で効果的かつ合理的にトライの頻度を高める方法は、ステップ4でくわしく説明する。

リソースを配分する方法

実力の領域　↓　自分の実力を高めるために必要なリソースを惜しみなく投じる

運の領域　↓　最低限の費用と時間でトライの回数を増やし、成功の確率を高める

「分解」できなければ、リーダーにはなれない

「おっしゃることはよくわかりました。
でも、自分の仕事をどう分解すればいいのでしょう?」

ときどき、こんな質問をされることがある。
ワンステップ上の成長を遂げたければ、何かを試みる前に必ず分解しなければならない。自分のリソースを適切に配分して、効率を上げるためだ。

しかし、まったく未知のジャンルに挑戦する場合は、まずはそのジャンルに慣れる

ことから始めなければならない。

運と実力はいったん脇に置いておいて、結果にこだわらずに何度かトライしてみよう。まずはプロセスを体になじませる必要がある。

失敗してもかまわない。超初心者の段階では、当然の手順だ。

ところが、この数回のトライができない人がいる。

賢くて評判の高い人であればあるほど、その傾向が強い。よくない結果を出してしまうのではないか、と不安になるせいだ。こんなときはどうすればいいのか？

解決方法は学習、すなわち**「学ぶこと」**だ。

たとえば、不動産投資や株式投資でお金を稼ぎたいなら、その分野の専門家から学べばいい。

何から始めたらいいのか、どんな資料に注目すべきなのか、どんな方式で投資をすればいいのかなど、順序と工程をくわしく学ぶことができる。

エベレスト登頂に挑戦する人でも、山の中腹までは車に乗って移動するという。

超初心者の場合は、お金を払ってでもその道の「ベテラン」から教わって、基礎をしっかり固めたほうが効率的だ。

ベテランと呼ばれる人々は、自分の専門分野についての「分解」が完了している。何から始めて、どんな過程を経て、どんな結果が出るかがわかっている、という意味だ。僕も「申師任堂」を登録者数180万人のチャンネルに育てたYouTubeの専門家として、YouTubeの作業工程を1つひとつ分解し、これを100種類以上にわたる講義で解説したことがある。

もし今あなたが、自分のやりたいことのプロセスさえ、まだきちんと把握できていない段階なら、まだ爆発的な成長を期待するときではない。

もちろん、いつかはあなたもプロセスを分解できるようになる必要がある。最終的には、分解できる人がリーダーとなり、そうでない人はフォロワー止まりになるからだ。

一方、**「長年やってきて、すっかり慣れきっていることだから、わざわざ分解す**

る必要性を感じない」という人々もいる。こんな人にとっても、分解は必須の作業だとお伝えしたい。仕事の工程を1つひとつ整理していくと、成長につながる問いが自然と頭に浮かんでくる。

僕はなぜ成功できたのか？
成功を続けるには、どうすればいいのだろう？
運に恵まれたのはどんな部分だったか？
どんな部分の実力を上げれば、より大きな成功を収められるだろうか？
プロセスをより効率的に、短縮することはできないだろうか？

こんなふうに自己点検できる。分解すれば、さらに大きな成功を収めてスーパーノーマルへの道を歩めるのに、やらない理由があるだろうか？

ゼロから始めても、成功を繰り返せる人生にしよう

ある日、新しいYouTubeチャンネルを開設して、5本ほど動画をアップした。10万PVを超えた1本の動画を除くと、再生回数はどれも1000～2000回止まりだった。開設から3週間も経ったのに、登録者数はたった14人しか増えていない。社員たちの目には失望の色が浮かんでいた。「もう僕たちは終わりなんじゃないだろうか？」という不安もうかがえた。

「今の結果だけを見て、がっかりすることはないよ」

僕はきっぱりと言った。当面の結果より、プロセスのほうが重要だと考えたからだ。**僕たちのプロセスは正しい**。

僕には登録者数180万人のチャンネルをつくった経験と実力がある。

そして、運と実力の領域を区別し、適材適所にリソースを投じる努力をした。

おまけに、開設から3週間で、10万PVを超える「大ヒット動画」を生み出したではないか。今後も動画のアップを続けていけば、登録者数は必ず増えるはずだという確信があった。

一度の挑戦がうまくいかなかっただけで絶望してはいけない。

「今回は運が悪かった」と言い訳して身を隠す必要もない。

当面の結果だけにこだわらず、プロセスを見直してみよう。

完璧なプロセスを組んで何度もトライしていけば、きっと成果を出せる。

これこそが、僕が登録者数0人からYouTubeの世界で再起することができた秘訣だ。

序盤は伸び悩んでいるように思えたＹｏｕＴｕｂｅチャンネル「チュ・オンギュjoo earn gyu」の登録者数は、２０２３年３月に開設してから半年を待たずして、24万人を超えている（２０２４年６月現在は約50万人）。

僕は「分解」によって、この仕事のプロセスを把握していたし、全力でスタッフを教育して「実力の領域」を鍛えた。

チャンネルのプロデューサーと脚本家は、そのプロセスを忠実に実行して台本を書き、サムネイルとタイトルをつくった。僕はベストを尽くして撮影に臨んだ。

そして、待った。幸運の領域が動き出すことを。アーメン。

スーパーノーマルの思考法

今の結果に執着するな

本当に数字はすべてを証明してくれるのか

「数字を出してください」

他のものはいいから、とにかく実績だけを見せろという恐ろしい言葉だ。学生も会社員も自営業者も、数字で評価される世の中である。世間はいつも数字という結果で実力を証明しろと要求する。

オーディション番組の優勝者が、最高の実力と魅力を持つ歌手として認められ、車の販売台数がもっとも多いディーラーが、優秀な社員と認められる。成果主義の社会では、当然の言葉に聞こえる。

もう一度考えてみよう。**本当に「結果」が「実力」なのだろうか？**

ここまで読んできたあなたなら、実力と結果を同一視できないことに気づいているはずだ。

あらゆることの成否は、運と実力の組み合わせによって生まれた結果だからだ。プロセスに不備があっても、運に恵まれて思いがけない成果を出す人もいる。正しいプロセスでベストを尽くしたのに、運悪く失敗する人もいる。

成功は複雑な条件が絡み合って生まれるが、多くの人は前者を称賛し、後者には厳しい評価を下す。

しかし、結果だけがすべてを証明するわけではない。

プロセスのほうがずっと重要だ。「運と実力を分解する」という方法は、結果よりも過程が重要だという事実を教えてくれる。

♟「努力」の価値が光を放つ瞬間

僕が「分解」の重要性を実感することになった一件をご紹介したい。

「申師任堂」の登録者数が10万人ぐらいになった頃のことだ。このとき、僕はもう限界かもしれないと感じていた。1日3～4時間しか寝られず、仕事に出かけるときはついため息が漏れた。

「いつまでがんばり続けられるだろうか？」

くじけそうになってきた頃、僕は〝キープゴーイング〟すべきかどうか、しばらく悩んだ。正直言って、そろそろ休みたかった。それでも立ち止まることなく、ＹｏｕＴｕｂｅにいっそう多くの時間と誠意を注ごうと決めた。成功させたいという気持ちのほうが大きかったからだ。

今振り返ってみると、その選択は正しかった。

ＹｏｕＴｕｂｅチャンネルを成長させたい、という僕の目標ははっきりしていた。

そのためには、実力を伸ばさなくてはならない。

僕の動画が多くのユーザーの目に触れて、数百万の再生回数を記録する「大ヒット動画」になることや、登録者数が爆発的に増加することは、自分でコントロールできる領域ではない。

「ＹｏｕＴｕｂｅのアルゴリズム」という神にゆだねるしかない、「運の領域」に属する。

でも、台本作成、編集といった実力の領域では、自分が努力すればいい。

睡眠時間を削ってでも実力をつけていけば、今よりいい結果が出せるはずだ、という確信があった。短期間で登録者数が激増したのは、運がよかったからではなく、僕が実力を伸ばしたからだろう。

このように、**準備ができている者だけが目にすることのできる光**がある。

YouTubeのアルゴリズムの恩恵も、その1つだ。

あなたがこれまでにアップした動画の1本が、おすすめ動画に表示されて、話題を集めたとしよう。30万人の人がこの動画を見たとしたら、そのうち何人がチャンネル登録をしてくれるだろうか。

内容のクオリティーや興味をそそるサムネイル、気の利いた字幕や編集などが、チャンネル内のその他の動画でも証明されなければ、単なる一発屋で終わってしまうかもしれない。

なかなか結果が出ないときは、「努力したって意味がない」と思ってしまうこともあるだろう。努力の価値を実感できず、やる気が失せてしまうのだ。

あなたの試みは成功するかもしれないし、失敗するかもしれない。

それでも、実力の領域をブラッシュアップしていけば、きっと昨日よりいい未来に出会えるはずだ。

「失敗」ではなく「小さな成功」だ

「努力しているのに、なぜ僕の人生はよくならないんでしょう？　なぜ失敗が続くのでしょうか？」

こんな相談を受けることが多い。

本当に一生懸命がんばったのに、なかなか成果が出ないというのだ。

50万ウォン（約5万円）、100万ウォン（約10万円）と収益を上げていくのは、口で言うほど簡単ではない。時間とお金、労力という大切なリソースを使って実力をつけたにもかかわらず、いつまでも状況がよくならなければ、むなしさを感じるのは当然だ。その気持ちは僕にもよくわかる。

僕はなぐさめの言葉の代わりに、**「試みの多くは、失敗するものだ」**という厳しい現実をお伝えしたい。

いくら努力しても、うまくいかないことはある。100%実力の領域に属しているものは、それほど多くないからだ。

成功する確率を高める方法を教えるためにこの本を書いたが、本書に書かれているとおりのことを実行すれば、即座にうまくいくのか？　それはわからない。

「運が悪かった」という理由で失敗することもある。

しかし、プロセスが正しかったなら、たとえ失敗したとしても、試み自体は正しい選択だったはずだ。へこたれずに何度もトライすれば、いつかは成功するだろう。

昨日より今日、実力は伸びただろうか？　それなら十分だ。

プロセスが正しいなら、あなたの試みは失敗ではない。成功へとつながる「小さな成功」をしたのだ。

みごとに結果を出した人たちの特徴は、

「情熱」と「粘り強さ」を

あわせ持っていることだった。

—— アンジェラ・ダックワース

(『やり抜く力——人生のあらゆる成功を決める「究極の能力」を身につける』著者)

ステップ

3

まずは
「実力の領域」を
征服する

すぐにあきらめてしまう人がいる。ひょっとして、あなたもそうだろうか？

「どうすればＹｏｕＴｕｂｅでお金を稼げますか？」

「ＹｏｕＴｕｂｅは今でもお金になりますか？」


こんな質問をされることがよくある。

もちろん、今でもＹｏｕＴｕｂｅでお金を稼ぐことは可能だ。

今もっとも多くの人が集まるソーシャルメディアだから、そこでの影響力が高まればお金は自然についてくる。今は平凡な「ノーマル」の人でも、ＹｏｕＴｕｂｅの世界で影響力を高めていけるはずだ。

問題は、僕にこんな質問をする人々のほとんどが、数本の動画をアップしただけで、すぐにやめてしまうところにある。あきらめの早い彼らは、**自分がアップした数本の動画が、実はYouTubeでの成功に近づくための数歩だったこと**に気づいていない。

あたりまえのことだが、目標を達成するには努力が必要だ。しかも、賢く努力しなくてはならない。〝賢く〟努力する方法は、すでにお話ししたとおりだ。

成功させたいことの全工程を1つひとつ分解し、運と実力の領域に区別する。運が大きく影響を及ぼす部分では運の戦略を、実力が大きく影響を及ぼす工程では実力の戦略を実践すればいい。

まずは、時間を投じることによって必ず成長が見込める「実力の領域」を征服していこう。体系的な目標を立ててコツコツと達成していけばいい。これこそが、成功を目指す人に必要な考え方だ。

スーパーノーマルの法則　ステップ3

まずは「実力の領域」を征服する

1　実力をつければ成功の確率が高まる領域を見極め、学習を続ける

2　あきらめたいという気持ちに負けないように、「成長の解像度」を高める

あきらめない人が「スーパーノーマル」になる

ここまでの「スーパーノーマルの法則」をおさらいしてみよう。

あらゆることの成否は、運と実力の要素が組み合わさって決定する。最大限の成果を出すには運と実力、それぞれに戦略を立てて、リソースを配分すればいい。

運と実力のもっとも大きなちがいは、**「蓄積できるかどうか」**だ。

いくら努力しても運を蓄えることはできない。今日宝くじが当たったからといって、明日も当たるとはかぎらない。当選確率を高める唯一の方法は宝くじを買い続けること、つまり「できるかぎり何度もトライする」ことだけだ。運が大きく影響することは、1回当たりのコストを下げて、可能なかぎり何度も試みなくてはならない。

では、実力がものを言う部分に関しては、どんな戦略を立てればいいのだろうか？

答えはとても簡単だ。**実力を上げればいい。運を蓄えることはできないが、実力を蓄えることはできる。**


ビジネスや投資を成功させたいなら、実力をしっかり身につけよう。

ここで、有名な不動産投資家のエピソードをご紹介する。


ある不動産投資家は投資を始めたばかりの頃、不動産に関する見識を深めるために、あちこちに出向いて実地調査を行い、エリア分析をすることにした。

1カ月のうち20日間は、全国各地の物件を実際に見て回った。

驚くべきことに、彼は会社勤めの身でこれをやり遂げたのである。

退勤後、食事もそこそこに調査へ向かい、バス代を節約するために長い道のりをとぼとぼ歩くときの彼の心境は、どんなものだったただろうか。

足の裏が腫れあがり、爪が割れたこともあったという。車で移動するときは、1カ所でも多くの場所を見るために、寒い冬でも窓を開けたまま走った。当時は、妻と子どもたちの顔をゆっくり見る暇もなかったそうだ。

このエピソードの主人公は、『お金持ちになってサラリーマンを引退せよ』（日本語未翻訳）の著者ノナウィだ。彼は「申師任堂」の「知り合いの先輩」というコーナーに出演したとき、視聴者からどんなエリアについて質問されても、よどみなく賢明なアドバイスを返した。その秘訣は、他の追随を許さない努力にあるのだろう。自分の足で数十万歩を歩いて実地調査をした結果、彼は不動産に関する膨大な情報を得た。

それにもかかわらず、今後の金融環境や不動産価値の騰落といった「運の領域」について語るときは終始、謙虚な姿勢を崩さなかった。

実力の領域では誰にも負けないという自信を持ちつつ、運の領域に対してはたぐいまれな謙虚さを備えた人だった。彼が実力の領域と運の領域を、正確に区別できるスーパーノーマルであることは明らかだ。

僕が出会ったスーパーノーマルの中に、単なる運だけで成功した人はいない。

彼らの成功の裏には、実力をつけるためにあきらめることなく、学び続けた忍耐の時間があった。

♟ あきらめグセがついた人のための成功の小技

「ノナウィ？　足の裏が腫れあがるくらい努力したから成功したんですよね。私にはそこまでの根性がないから、やっぱりスーパーノーマルにはなれないのでしょうか？」

僕が努力の価値を強調すると、こんなことを言う人がいる。

そんな人々のために、ここからは「あきらめること」についてお話ししたい。

僕たちがあきらめようという決断を下すのは、どんなときだろうか。

資金が尽きたり、再起できないほどの損害が出たり、周りから猛反対されたり……。

理由はさまざまだ。しかし、その大部分に共通する、あきらめの瞬間がある。それは、**「ワクワクと情熱が消えた瞬間」**だ。

はじめて何かに取り組むときは、情熱の溶鉱炉から誕生した目標と夢が僕たちの心を熱くさせ、ときめかせてくれる。

しかし、これを現実化していく過程は、平凡な反復作業であることがほとんどなので、だんだんうんざりしてしまう。

たとえば、トライする回数を増やすだけで、成功確率が爆発的にアップする「A」という選択肢があるとする。Aを繰り返せば必ず成功できると頭ではわかっていても、実践するのは簡単ではない。

最初は情熱がほとばしっているが、時が経つにつれてAをやるべき理由と目的を忘れてしまうからだ。

自分の夢とチャレンジの目的を忘れずに努力を続けるには、成功に近づいていることを随時チェックして、自分を納得させなくてはならない。

まずは、時間をかければ必ず成し遂げられる「確率100％の領域」、つまり実力の領域において成功を味わってみることをおすすめしたい。

「スーパーノーマルの法則」をこれから始める初心者は、小さなミスをしただけでもくじけやすく、あきらめてしまいがちだからだ。かくいう僕も、非常に意志の弱い人間なので、毎日のように自分を説得する努力を続けている。

問題は、**実力の領域ですら、努力を続けることができない人がいる**という点だ。

僕もそうだった。100度に達すれば水が沸騰することがわかっているのに、99度でストップしてしまっていた時期があった。

そんなときは、あとどれくらい努力すれば成果が出るのかを、目で確認できるように「温度計」を使わなくてはならない。

僕はこれを**「成功地図の解像度を高める」**と表現している。

カーナビを使って、目的地に向かっているときを思い出してほしい。次ページの左の図のように、大きな地図では、自分がちっとも前に進んでいないように見える。で

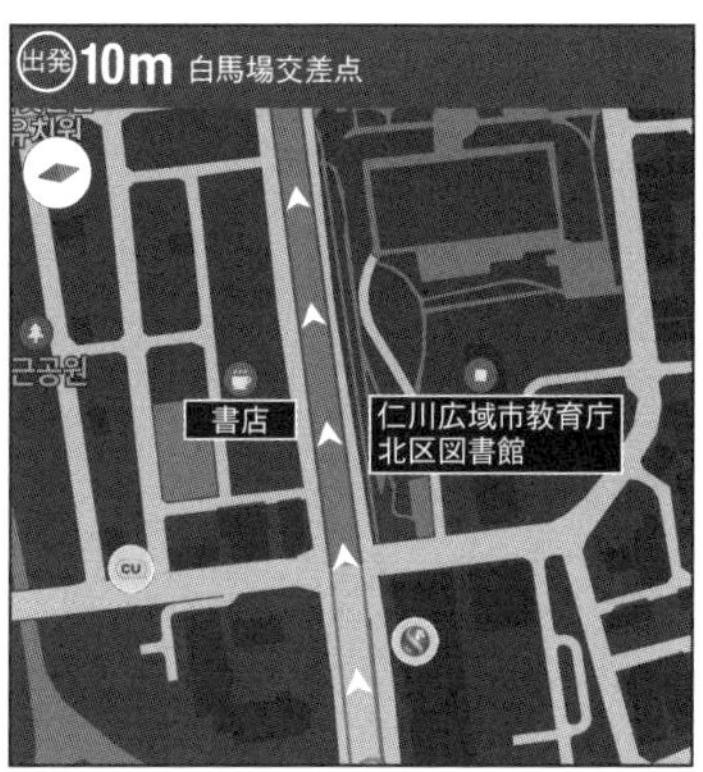

自分が今いる位置を広範囲の地図で確認するのは難しい。しかし、地図を拡大すれば、目標に向かって正しい道を進んでいることがわかる。(出典:カカオマップ)

も、右の図のように、地図を拡大すれば、自分が目標の方向に向かってきちんと進んでいることがわかる。

実力の領域を成長させる方法もこれと同じだ。

1日単位、あるいは1時間単位で細かく目標を設定し、ちゃんと達成できたかどうかを確認していけばいい。

そうすれば、ごく小さな単位で実力が伸びていることを目で確認できる。成長をチェックするうえで、これ以上に正確なものはない。

「成功地図」の解像度を高める、具体的で確実な方法

アンジェラ・ダックワース著の『やり抜く力――人生のあらゆる成功を決める「究極の能力」を身につける』（ダイヤモンド社）は、実力の領域を満たす「努力の価値」に気づかせてくれる本だ。

著者は、成功した事業家やスポーツ選手、営業パーソンなど、限界を突破して偉人と呼ばれるようになった人々を幅広く研究し、１つの事実を導き出した。

成功するには、特別な才能よりも、根性とあきらめない粘り強さ（著者のアンジェラは、これを「やり抜く力」と呼ぶ）のほうがはるかに重要だという事実である。

彼女は、粘り強さや意志力を持って成長していくには、**「意図的な練習」**をしなければならないと語る。僕は、本のこの箇所にアンダーラインを引いた。

「意図的な練習」とはいったいどんなものだろうか？

『やり抜く力』以外にも、多くの書籍で成長には努力と練習が重要である、と強調されているが、実際にどんなふうに実行していけばいいのかについては語られていない。

「練習は人を成長させること」を証明するケースが、紹介されているだけだ。

そこで僕は、エリートスポーツ選手を育てるコーチのトレーニング方法を探してみた。急に興味が湧いて、実際に水泳を始めることにした。

水泳を始めたときは、どんなふうに「意図的な練習」を実現すればいいのか？

次のうち、どちらがやる気を維持できる方法なのか、考えてみよう。

方法1　「水泳を上達させよう」という目標を立てて、一生懸命に練習する

毎日のようにプールに通って、5時間以上泳ぐ。

方法2　練習の段階を細分化して小さな目標を立て、達成の度合いを確認する

①　一定の距離内で、手で水をかく（以下、ストローク）回数を数え、その回数を減らしていくことを目標にする

②　ストロークの回数を減らしてもスピードを維持することを目標にする

③　ストロークの回数とスピードを維持しながら、水の抵抗を最小化する姿勢を保つことを目標にする。水面に対して、全身を水平に保つ練習をする

水泳を楽しく続けられるのは、もちろん**方法2**だ。「水泳を上達させる」というざっくりした目標を具体化して、「意図的な練習」のメニューをつくり上げているからだ。

このように、漠然としていた目標を短期目標に細かく分け、体系化して繰り返していく方法を導入すれば、あきらめずに続けられる可能性がぐんと高まる。「ちっとも上達しないから」という理由であきらめてしまう人でも、この方法なら自分の成長をたびたび実感できるからだ。

たとえば、まったくタイムは縮んでいなくても、ストロークの回数が減ったなら成長できたということだし、正しい姿勢で泳ぐ時間が増えたとすればそれも成長だ。

タイムが縮めばもちろん成長で、以前ほど疲れずに泳げるようになったら、それも成長と言えるだろう。


もちろん、目標を1つ達成したからといって、水泳がいきなりうまくなるわけではない。それでも**「水泳の上達に必要な要素」が1つ備わった**のはたしかだ。**温度計で水の温度を測るように、成長の度合いをはっきり確認できる。**

成長を続けていくには、こんな方法で、水が沸騰する日まで温度を徐々に高めていけばいい。


水泳を習っている途中でスランプを感じた僕は、ある週末の朝、ストロークの数が20回から16回に減ったことに気づいた。

そのとき、自分の成長をはっきり感じ取ることができた。僕だけにわかる成長のサインだ。誰かに気づいてもらえなくていい。自分の成長に気づくということが重要だ。

そうすれば、途中で投げ出さずに努力を続けられる可能性がぐんと高まる。

スーパーノーマルの道にあきらめはない。

目標を決めるときに気をつけること

さて、実力の領域を鍛えるときに、必ず覚えておいてほしいポイントがある。

しっかり実力を伸ばすには、トレーニングの強度や難度を、自分の能力よりほんの少しだけ高いレベルに設定するということだ。 いきなり現在の自分のレベルとかけ離れた厳しいトレーニングをしても、自信を失ってしまうだけだ。


トレーニングの強度を高めるときは、2つの方法がある。

1つめは、**同じレベルを維持して、かかる時間を減らしていく方法**だ。

たとえば、1時間に10枚のピザをつくっていたアルバイトがクオリティーを維持しつつ20枚つくれるようになったら、確実に成長したと言える。

このトレーニング方法では、「量」を増やす力を伸ばすことができる。毎日僕たちに与えられる24時間という贈り物を、効果的に活用するために役に立つ。

2つめは、**同じ時間内にいっそう質の高いものをつくり出せるように、スキルを上げていく方法**だ。

たとえば、経歴5年目のプログラマーは、まだ業務に慣れていない新人プログラマーよりも、優れたプログラムをつくり出す確率が高い。長年の訓練によって、自分の実力レベルを引き上げてきたからだ。これは、質を上げるというポジティブな結果をもたらす。

このとき、同じ期間で効果的にスキルを上げるには、質を向上させるのに必要な要素を知ることが大切だ（逆に、結果の質にそれほど大きな影響を及ぼさない要素は、思いきってトレーニング対象から除外する勇気も必要だ）。

肝心なのは、自分がトレーニングをする目的は「より多くのものをつくり出すため」なのか、あるいは「より品質の高いものをつくり出すため」なのかをはっきり認識することだ。

どちらも重要だから同時に伸ばしていきたい、というトレーニングでは、どっちつかずな結果に終わってしまうかもしれない。

もし「時間を短縮するアイデア」と「品質を改善するアイデア」が同時に思い浮かんだら、優先順位をつけられずに混乱してしまうからだ。

反復練習はスキルを着実に上げる

トレーニングの目的を明確にして、シンプルでわかりやすい目標を設定しよう。

目的がはっきりした単純な「意図的な練習」は、実力を着実に上げていきたい初心者にとってとても効果的だ。

そしてもう1つ。**「単純な反復練習」**なら、自分が情熱を持てるかどうかの影響を受けることはない。「私には情熱がないから続けられない」と落ち込まなくても大丈夫だ。時間をかけて繰り返して練習を積んでいくだけで、いつの間にか達人になれる。

たとえば、テレビ番組『生活の達人』〔超スピードでビーズの糸通しをする職人や経歴40年のかつら職人など、さまざまな分野の熟練者が登場する韓国のドキュメンタリー番組〕に登場する職人がいい例だ。

彼らは単純な作業を「無限に反復」しているうちに、いつしか驚異的な達人技を身につけた人々である。

番組中にときどき達人と同じ職場で働く仕事仲間が映ることがあるが、達人には及ばないものの、彼らも負けず劣らずの実力を備えている。反復練習をすれば、スキルは必ず上達していくという証拠だ。

時間を貯蓄して、爆発的に成長せよ

長年の訓練によって手に入れた努力の果実は、言葉で言い表せないほどに甘い。しかも努力すれば、時間を貯蓄できるようになる。

先ほどご紹介した、不動産投資家ノナウィのケースを見てみよう。

「実地調査」の中には、相場の把握、交通の便や生活環境の確認、学区の調査、住民への聞き取りなど、数多くの作業がある。

一連の作業を体系化し、繰り返すうちに習慣化した結果、彼のストレスはぐんと減ったという。精神的な負担が軽くなり、いっそうやる気が湧くようになれば、実力はさらに上がっていく。

ある作業に同じ時間を使う場合、長い訓練を積んだ熟練者と、始めたばかりの初心者では、量的にも質的にも収穫に大きな差が出る。

もし100回実地調査をしたのなら、100回目の実地調査では、1回目とは比べものにならないような情報量を短時間で得られるようになるはずだ。

このように、誰でも練習と訓練を続けて慣れていけば、やるべきことにかかる時間を大幅に短縮できるようになる。**時間を手に入れたも同然だ！**

「実力」は「運」を引き寄せる

実力が上がれば、失敗する確率もおのずと下がる。自分が出す結果のレベルが高まっていくからだ。

たとえば、打率3割以上を数年キープしている野球選手なら、ケガなどのアクシデントに見舞われないかぎり、翌年の成績にも期待できる。あるいは、「この監督が撮った映画なら観てみよう」と観客に信用されている監督がいる。少なくとも、大ハズレはないからだ。

このように、実力のある人が生み出す結果は、平均的に水準が高い。

僕もYouTubeチャンネルを運営しながら実力を上げ、ノウハウを身につけた結果、新しくアップした動画の平均再生回数が飛躍的に増えた。1本の動画をつくるのにかかる時間は減り、動画の質は高まっていくので、チャンネルは以前とは比べものにならないほど成長した。

さらに、**実力は「運の領域」において、大きな資産になる**。実力が備われば、トライしたときの成功確率が上がり、コストは下がる。ここまでくれば、平凡な人の中で一歩先を行く存在になれる。

実力という果実は、想像以上に甘い。

実力に後押しされた状態で、運までついてくれば、成果は爆発的に大きくなる。

もちろん、優れた実力を身につけても、ツキがなければ何度かは失敗するかもしれない。それでも、あきらめることなく何度もトライすれば、成功の道は必ず開ける。

実力と成功の相関関係

1　実力は時間を貯蓄してくれる
2　実力は結果の最低レベルを高める
3　実力は爆発的な成長を生むカギだ

最速で実力をつける「学習の技術」

僕は抽象的なメッセージより、具体的で明確な指針が好きだ。

僕が実際に見て体験したことをもとにつくり上げた「スーパーノーマルの法則」もまた、非常に具体的で実用的だと思っている。どんなことであれ、このプロセスに従って実行していくだけで、優れた結果を導き出せるようになっていく。

ここでは、効率的に実力を積み上げる4つの技術を伝えていく。

時間とエネルギーは無限ではないから、穴の開いたバケツに水を注ぐようなことはなるべく避けるべきだ。

1 「運の領域」で無駄な努力はしない

少数の顧客に多大な時間と労力をかけて、成果を出せないスタッフを見ていると、残念な気持ちになる。彼らは一度クライアントに提案を拒絶されると深く傷つき、企画書を修正したり、魅力的なメールを書いたりすることに、限られた時間を費やしてしまう。

でも、考えてみてほしい。**企画書の書き方を考えている時間に、もっと多くのクライアントにアプローチしたほうが効率的ではないだろうか？**

しかも、自分の企画が採用された経験がこれまでに何度かあって、立派な結果を残しているなら、もう企画書をアップグレードする必要はない。**今は確率を高める世界に飛び込むタイミングだ。**

僕はテレビ局でプロデューサーとして働いているとき、営業活動もしていた。当時の僕は、この世には実力の領域しか存在しないと信じていた。営業も実力の領域だと疑わず、営業成績を上げるためのノウハウを教えてくれない会社をうらめしく思っていた。

そんなある日、僕が担当する番組に出演したベテランの保険営業マンと話をする機会があった。僕は彼に、どうやって営業のスキルを上げたのかをたずねた。

いざ話を聞いてみると、彼は「メンタルマネジメントのベテラン」だった。

すでに何件かの契約を成立させた経験があるなら、あとは顧客に会う回数を爆発的に増やすべきだと助言してくれた。

重要なのは、大勢の人に営業をして「拒絶」されても傷つかない、鋼のメンタルを手に入れることだと彼は力説した。

新人時代、彼は毎日100件以上の営業電話をかけ、拒絶されても挑戦し続けた。同期のほとんどは、最初の関門でくじけて退職していったという。

そうだ。僕は「確率」が営業成績に影響する、という事実を見逃していた。

僕が営業する製品を「ゴミ同然の不要なものだ」と思う人もいれば、オアシスのように感じる人もいる。

製品の評価は、相手の置かれた状況によって変わるものだから、僕を必要としている顧客に出会えるかどうかは、高確率で「運」にかかっている。

それなら、できるかぎり多くの人にアプローチして、自分のサービスをオアシスのように思ってくれる人がいないか、確認することが重要だ。

こんなときは、リソースを小出しにして何度もトライする「運の戦略」が効果的だ。

2 「必要最低限の合格レベル」を決める

実力の領域をとことん究めた人たちがいる。

長きにわたって実力を磨き上げてきたベテランだ。時間をかけて続けていけば何事も上達していくため、実力の領域は努力が結果に結びつきやすい。

しかし、運の領域はちがう。それこそ「確率の戦い」だから、実力不足の初心者が勝つこともある。そんなとき、ベテランは大きなショックを受ける。誰よりも実力を持っているはずの自分が、初心者に負けたという現実を受け入れられないのだ。

そうは言っても、実力は実力、運は運。だからこそ僕は、自社のスタッフにあえて**「オーバースペックにならないようにしよう」**とアドバイスしている。

ある分野の最高権威に君臨するという目標はすばらしいが、ノーマルにはハードルが高すぎる。もしあなたがノーマルなら、ライバルと比較して市場で通用する必要最低限のレベルまで実力を上げたら、何度もトライしていく戦略に切り替えたほうが効果的だ。

これからあなたが、情報発信をメインとした自己啓発系YouTubeの世界に、飛び込むとしよう。Drawandrew〔約70万人のチャンネル登録者を持つ韓国の30代男性。主に、自己啓発に関するインタビュー動画をアップしている〕ぐらいの実力と感覚を備えたユーチューバーになるには、どれぐらいの時間と努力が必要だろうか？

ものすごい学習量とトレーニングが必要にちがいない、と予想する人が多いと思う。

しかし、人気チャンネルを運営するユーチューバーほどの実力を持っていなくても、

YouTubeを始めることはできる。登録者数が1000~2000人しかいなくても、望みどおりの収益を上げて成長していくユーチューバーは少なくない。

ひとまず自分なりに実力をつけて、動画を何本もアップしていったほうが成功の確率は高まるのではないだろうか?

あるユーチューバーは、韓国のコンビニでラーメンを買って食べる様子だけのショート動画で、数百万もの再生回数を記録した。初心者でも簡単に制作できるレベルの動画で、爆発的な成果を出したのだ。当時の登録者数は数千人程度で、ずば抜けて多いわけではなかった。市場で通用する必要最低限のクオリティーを探す、というのは、こうした突然変異を見つけ出す作業を意味する。

技を持つ匠のように、長年の修業に励む必要はない。

達人レベルまで実力を磨き上げようとするのではなく、とりあえず「必要最低限のレベル」に達したら、まずは挑戦しよう。 あなたが迷っている間に、大勢のライバルが市場に飛び込んで結果を出している。

3　優先順位を見極めよう

これから起業したいと考えている、というA氏と話していて、もどかしくなったことがある。

A　事業を始めようと思っているんです。

僕　よくご決断されましたね。だったら、お忙しいでしょう?

A　職場生活とはまったくちがう世界ですね。かなり税金で持っていかれるらしいと知って、すぐに節税のセミナーを申し込みました。

僕　節税の?　節税対策も重要ですが、収益が出るようになってからでも遅くないのでは?

A　今やっておかないと、あとで大損するかもしれないじゃないですか。

僕　……。

無用な論争をする気はないので、すぐに話題を変えた。

事業家にとって、合法的な節税対策はもちろん大切なことだ。とはいえ、まだ収益モデルすらはっきりしていない状況なら、もっと重要で優先すべき仕事が山ほどある。

何かを学ぶときは、「何に比重を置いて学習するか」をきちんと把握しておかなくてはいけない。起業の準備をしているA氏の場合、いちばん重要なのは顧客を満足させる価値をつくり出すことではないだろうか?

YouTubeを始めるときも同じだ。

まず高額の機材を買いそろえようとする人がいるが、まったくおすすめしない。

僕は、最初の数年間はスマートフォンだけで撮影していた。

いいカメラを買うよりも、コンテンツの合格最低ラインを調べて、そのレベルをクリアするためのトレーニング計画を立てるほうがはるかに重要だ。

4 ロールモデルの時間を盗め

「分解？　必要最低限のレベル？　よくわかりません！　何から始めたらいいのか、ちっとも理解できません」


まったく何も知らない「超初心者」の段階の人がいる。

プロセスがまったくわからない人には、「分解してみよう」とか「最低限のレベルをクリアできるものをつくってみよう」といったアドバイスをしても意味がない。

まだよちよち歩きもできない赤ちゃんに、１人で歩いてみろと言うようなものだ。

だからといって、挑戦をあきらめてはいけない。


簡単な解決策がある。

まだプロセスすら把握できないほどの入門段階なら、**「ロールモデル」**を探そう。

まずは、ロールモデルにしたい人の講義を聞くという方法がある。

これも時間を貯蓄する方法の1つだ。自分が数十時間かけてやっとたどりついた情報を、10時間で教えてもらえるなら、それだけ時間を節約できることになる。

あるいは、自分より少し上のレベルの人から学んでもいい。

会社に入社したばかりの頃は、係長や課長クラスの上司から実務を習うはずだ。あなたに教える時間を割いてくれる人であれば、講師レベルの実力を持つ人でなくてもかまわない。自分のレベルが上がったら、また次のロールモデルを探して学習すればいい。

誰にでも初心者の時期はある。

重要なのは、**「何があってもくじけない心」**だ。

僕が出会ったスーパーノーマルたちの共通点の1つは、**問題を自分で解決する方法を見つけられる**ことだ。あなたにもそれを目指してほしい。

♟「そのやり方は、あなただからうまくいったんでしょ」と言う人へ

財テク・自己啓発チャンネルである「串師任堂」の動画には、次のようなコメントがしょっちゅう書き込まれていた。

（株式投資に関する動画へのコメント）
「せいぜいがんばれよ！　どうせウォーレン・バフェットにはなれないだろ！」

（事業家インタビューへのコメント）
「時期がよかったから成功しただけ。今じゃ通用しない！」

（平凡なノーマルからスーパーノーマルになった僕の動画へのコメント）
「それは、あなただからうまくいったんでしょ。平凡な人がそこまで努力できるかな？」

前出の『やり抜く力――人生のあらゆる成功を決める「究極の能力」を身につける』を執筆した心理学者アンジェラ・ダックワースは、学習の価値にわざとケチをつけようとする人にこう問いかける。

私たちはアインシュタインにはなれないから、物理学を勉強する資格がないのか？ ウサイン・ボルトになれないから、朝のジョギングをする必要はないのか？

昨日より少しでもいい自分になるために学び、ジョギングをすることは、他人のやることに難癖をつける人々が言うように、本当に意味のないことなのだろうか？

自己啓発書を読む人に、冷笑的な視線を向ける人もいる。ちがう遺伝子を持ち、ちがう環境で育った成功者のエピソードを読んでも何も変わらない、というのが彼らの言い分だ。

しかし、よりよい明日のために一歩でも先に進もうとする人と、流れに身を任せて生きている人のうち、どちらのほうが遠くに行けるだろうか？　爆発的な成長を遂げる可能性が高いのはどちらだろうか？

アンジェラ・ダックワースは、もし娘が「ピアノの練習をしたってモーツァルトにはなれないんだから、きょうは練習しない」と言ったら、こんな言葉をかけてあげたいという。

「ピアノを練習するのは、モーツァルトになるためじゃないわ」

僕は努力と学習の価値を信じている。

スーパーノーマルの思考法

人生をイージーモードで生きよう

僕たちはなぜ無駄なことをしてしまうのか

スーパーノーマルへの道は決して平坦ではない。もし今あなたが会社員なら、退勤後に成長のための勉強が必要だろう。でも、家に帰ればビールだって飲みたいし、ゴロゴロしてネットを見たくなる。その気持ちは僕にもわかる。実際、科学的にもこれは当然のことだ。

神経科学者のダニエル・J・レヴィティンは、著書『The Organized Mind : Thinking

Straight in the Age of Information Overload』（日本語未翻訳）の中で、**人間の脳は1日に決まった数の決断しか下せない**と述べている。

限界を超えると、それがいかに重要なことであっても決断を下せなくなるという。僕たちが重要なことから目を背けてしまう理由がここにある。

あなたは会社で上司に悩まされ、数多くの決定を下してきたから、家ではもう脳を使いたくないのだ！　これが人間の本能である。

しかし、他の人と同じようにのんびり過ごしていたら、スーパーノーマルへの道はすっかり遠ざかってしまう。

本能に逆らって生きるには、どうすればいいのだろうか？

♟ 今すぐ無意識を再セッティングしよう

本能の誘惑に打ち克つための解決法がある。

それは**「無意識を利用すること」**だ。人間の行動の多くは、無意識から生まれている。あなたの脳が「ネットでも見ながら休憩しろ」とささやきかけてくるのも、無意識のせいだ。それなら、環境を変えて、自分の無意識をコントロールしてみてはどうだろう？

「勉強の神」と呼ばれる、受験指導の専門家カン・ソンテ氏は、**「家では勉強をするしかないような環境をつくれ」**と生徒をコーチングした。

家に帰ったら何も考えなくても、自動的に体が机に向かうように模様替えをした結果、生徒は勉強に集中できるようになり、成績も大きく上がったという。

あなたには成し遂げたい夢があるだろうか？

時間とエネルギーを注いで、学びたいことがあるだろうか？

あるとしたら、無意識の誘惑が入り込まないような環境をセッティングしてみよう。

たとえば、パソコンを業務用と趣味用に分けるというのも1つの手だ。

仕事をする場所と休憩する場所、趣味を楽しむ場所などを分けて、帰宅したらすぐ仕事をする場所に向かう、と決めておくのもいい方法だ。

環境が変わり、場所が変われば、人間の行動は自然と変わる。

人生をハードモードで生きる必要はない

「1時間半以内にインタビューを終わらせていただけますか？　次のスケジュールがあるので」

「申師任堂」を運営していた頃、手帳が予定でびっしり埋まっているようなスーパーノーマルにたびたび会った。最初は「そこまで分刻みのスケジュールで生きなきゃいけないのか？」といぶかしく思ったのも事実だ。ところが、今の僕はそんなふうに生きている。

細かく計画を立てて、その計画に自分の無意識が自然と従うようにセッティングしている。こうすることによって、時間を効率的に活用できるだけでなく、ネットフリックスを見たがる自分の無意識を、もっと生産的な方向に導くことができる。

人間にとって、「変化」するのは実に難しいことだ。

以前、引っ越しの日にアプリでフードデリバリーを頼んだら、箸とスプーンが入っていなかった。まだ荷ほどきをしていないから箸が必要なのに、どうして注文しなかったのだろうと考えてみたところ、アプリの基本設定になっている「使い捨て箸とスプーンは不要です」のチェックを外していなかったことに気づいた。人間はこんな小さな基本設定を変えることすら忘れてしまう。

それなのに、なんの計画も立てず、周囲の環境すら変えずに大きな変化を起こす？

それは、ダイエットをすると言いながら、お菓子と炭酸飲料だらけの部屋に自分を押し込むようなものだ。

人生をわざわざ「ハードモード」で生きなくていい。

無意識をコントロールしたければ、まず環境を変えよう。逆に言えば、環境を変えるだけで、自分の無意識はいとも簡単に変えられるのだ。

「失敗することよりも、
やってみないことのほうが後悔する」

――アダム・グラント

（『ORIGINALS 誰もが「人と違うこと」ができる時代』著者）

ステップ 4

「運の領域」では挑戦の回数をとことん増やす

圧倒的な成果の陰には「無数の失敗」がある

古今東西どんな分野でも、圧倒的な成果を収めた人には2つの共通点がある。

1　やろうと思ったことを実行した

2　失敗してもくじけずに何度もトライした

当然のことだが、生きていれば誰でも大小の失敗を経験する。

歴史的な天才たちが残した驚くべき功績の裏にも、知られていない数多くの失敗があった。組織心理学の教授アダム・グラントの著書『ORIGINALS　誰もが

「人と違うこと」ができる時代』（三笠書房）には、度重なる失敗にも屈しなかった偉人のエピソードが登場する。

モーツァルト　35歳で亡くなるまでに600曲以上を作曲
ベートーベン　650曲以上を作曲
バッハ　1000曲以上を作曲
エジソン　1093件の特許権を取得
アインシュタイン　248点の出版物を発表

ロンドン・フィルハーモニー管弦楽団による「最高のクラシック名曲50選」には、モーツァルトの作品が6曲、ベートーベンの作品が5曲、バッハの作品が3曲入っている。

アダム・グラントは、彼らの成功について**「作曲した数が多いほど、ヒット作が生まれる可能性が高い」**と述べている。

いくら天才でも、書く曲すべてが名曲ではなかったということだ。

また、エジソンが取得した特許1093件のうち、ごく一部だけが僕たちの人生を変えたことや、アインシュタインは多数の論文を書いたにもかかわらず、相対性理論以外はあまり話題にのぼらない、という事実にも注目してほしい。

世界有数の天才と呼ばれる彼らは、圧倒的な数のチャレンジによって成功を遂げ、歴史に名を残すことができたのである。

一代で財を成した実業家たちも同じだ。

彼らの自叙伝の第1章には、度重なる失敗にもくじけず、最後まで挑戦を続けて成功を勝ち取った、というドラマのようなエピソードが必ずと言っていいほど登場する。

歴史に名を残した天才ですらこうなのだから、僕たちのような平凡なノーマルは言うまでもない。成功するには、ひとまずチャレンジだ。

事業を始めたいと言いながら、退勤後になんの準備もせずにいたら、当然あなたの成功は遠ざかっていく。それどころか、起業するという夢がかえって現状を悪化させるかもしれない。

家ではソファに寝そべって、スマホをだらだら見ながら今の生活に甘んじて、会社では起業のアイデアに気を取られて、仕事に集中できないからだ。

最近、多くの人が始めたがっているＹｏｕＴｕｂｅもそうだ。

ユーチューバーになりたいと言いながら市場調査もせず、どうやってユーザーの心をつかむつもりなのだろうか？

すでに成功している人気チャンネルを眺めて「ＹｏｕＴｕｂｅを研究している」と言ってほしくない。今見えている成功の姿だけを確認しても、それほど役には立たない。

今の自分の状況に近い、登録者数が少なめのユーチューバーたちがどんなふうに結果を出しているのかを研究しよう。

ともかく、僕が言いたいことはこれだ。

いったい、いつになったら始めるのか？

早く結果を出したいという気持ちでいっぱいなのに、ＹｏｕＴｕｂｅやネットフリックス、インスタグラムに時間を奪われてばかりいたら、いつまでも望みを叶えることはできない。目標を達成するために必要な**「挑戦の絶対量」**が存在するからだ。

望みを叶えるには必ず何度もトライして、成功を引き起こす有効なハプニングと出会うチャンスを増やそう。これが**「高頻度戦略」**だ。

スーパーノーマルの法則　ステップ4

挑戦の回数を増やす

思い悩む時間を減らして、今すぐ飛び出そう

僕たちはなぜ挑戦をためらってしまうのだろう?

韓国には「じっとしていれば半分までは行ける」という言葉がある。

挑戦して挫折するくらいなら、何もしないほうがましだという意味だ。

「松食い虫は松葉を食え」(身のほど知らずな生き方をすると、失敗するという意味)という言葉と共に、心をやや重くさせる表現だ。

もちろん僕はこういった言葉に同意はしないが、挑戦をしり込みしてしまう気持ちは十分に理解できる。

新しいことを前にしたときは、誰でもあれこれ思い悩んでしまうものだ。悩みがさらなる悩みを呼び、木のようにすくすくと育っていく。成功を収める力がある人ほど、悩みの木が早く育つ。

その状態で現実を直視すると、進むべき道がはてしなく長く感じられる。考えるスピードが行動のスピードより速いことが原因だ。

頭の中ではすでに2倍速で成功するハッピーエンドを想像したのに、いざ行動してからの現実は0・1倍速でゆっくり進んでいくので、もどかしくてたまらなくなる。

たとえば、エアビーアンドビー〔空き部屋を旅行者に貸し出す、バケーションレンタルサービス〕のホストを始めたい人がいるとしよう。

彼の頭の中には、たくさんのアイデアが浮かび上がる。程度の差はあれ、そのほとんどは「実行したほうが得になるアイデア」だ。

ところが、そのせいで彼はかえって何もできなくなってしまう。

アイデアがどんどんふくらんでいき、いつしか頭の中には「ハイアップグループ」

のような壮大なビジネスが構想されているからだ。想像のスピードが速すぎて、自分の現実がとてもみすぼらしく思えてくる。

もし資金をふんだんに使えるなら、この問題を解決するのは簡単だ。自分のアイデアを具現化してくれる人を雇い、さまざまなプロジェクトを進行していけばいい。あれこれ思い悩むスピードより速く、思いついたことを実行して現実化する組織をつくればいいのだ。

しかし、そこまでの人的・物的リソースを持たない僕たちノーマルにとっての選択肢は1つだ。**考えるスピードを遅らせて、まずは挑戦するしかない。そして、何度もトライすることが重要だ。**

そのためには、考える時間と行動する時間のバランスを調整しよう。自分のエネルギーのうち、**10％だけを考えることに使い、残りの90％は行動するために使う**ことをおすすめしたい。

いい。

失敗の数だけ成功する可能性が高まる

実行に移すときは、できるかぎり力を抜いて**「チェリー・ピッキング」**をするといい。

チェリー・ピッキングとは、ケーキのてっぺんにあるチェリーだけをちゃっかり食べてしまうように、自分にとっていちばん利益になることだけを選び取るという意味の言葉だ。

否定的なニュアンスで使われることもあるが、今の段階ではチェリー・ピッキングをポジティブなコツとみなしてもいいだろう。

なんでもかんでも意欲的に一生懸命やろうとするのではなく、必要最低限の準備ができたら、まずは試してみよう。1回でも多くトライできるなら、そのほうがずっといい。

考える時間を減らして、行動するスピードを上げよう。

そうすれば、トライの回数を増やすことができる。

何度も挑戦を繰り返せば、必然的に何度も失敗することになるだろう。

でも、**失敗の回数が増えるのは、成功の確率が上がるということ**だ。そのことを忘れないでほしい。

成功したいなら、挑戦を恐れてはいけない。

「事業」を始めるときは、絶対に「全賭け」するな

あるとき食事の席で、自社のスタッフにこんな質問をされたことがある。

「僕も事業を始めて、スーパーノーマルになりたいんです。
でも、へたに挑戦して、再起不能になるぐらいの失敗をしてしまったら、
どうすればいいんでしょう？
世の中には、そんなことが怖くないほどメンタルの強い人が多いんでしょうか？」

適切な答えが見つからなくて、うつむいてしまった。

彼の言葉は正しい。いくら挑戦するのが大切だとはいっても、再び立ち上がれないほどの失敗をしてはいけない。

1％の確率で数百億ウォン（約数十億円）の資産家になれるかもしれないが、99％の確率で借金だらけになって苦しむかもしれない、というビジネスはそれこそギャンブルだ。

いちかばちかのビジネスは絶対におすすめしない。

僕はスタッフに、失敗しない秘訣を教えるから安心しろと伝えた。

「事業を始めて失敗したらどうしよう」という不安は理解できる。

月給300万ウォン（約30万円）の人生に不満を抱きながらも、多くの会社員が会社を飛び出さない理由もここにある。

会社が傾いたら社員は転職すればいいが、社長は会社と運命を共にして沈没する。収入は減る一方なのに、テナント料や給与などの固定費が毎月出ていき、目の前が真っ暗になるような絶望感は味わった人にしかわからない。

事業を始めるというのは、たしかにリスクのある行為だ。では、リスクを減らす方法はないのだろうか？　もちろんある。**一度に全賭けしなければいい。**

事業を始めたいという人から相談を受けると、僕はいつも「全賭けするぐらいならやるな」とアドバイスする。多くの事業家が本や講演で、事業に人生を賭けろと語っている。その言葉は間違っていない。死ぬほど努力しても、うまくいくとはかぎらないのがビジネスだ。

それなのに、全賭けするなとはどういう意味なのかって？

Aという会社員が、はじめて事業に挑戦するとしよう。

Aは会社勤めをしながら、4000万ウォン（約400万円）の開業資金をコツコツ貯めた。

事業を始める人の誰もがそうであるように、儲かりそうなビジネスプランを立てた。やる気も十分だ。これなら成功間違いなしだろうか？

わからない。いくら考えても、わからないとしか言いようがない。

この世に運の影響を受けないものはないから、Aの事業は大繁盛するかもしれないし、大失敗するかもしれない。ツキに恵まれず、ライバル業者より実力も劣っていたら、失敗する可能性が高いだろう。

このAこそが、レンタルスタジオ1号店をオープンしたときの僕だ。

僕は4000万ウォンの借金を抱えて、地獄を味わった。世界の終わりのように思えたあの頃の重苦しさは、今も思い出したくないほどだ。

数百億、数千億ウォン（約数十億、約数百億円）の資産家にとって、4000万ウォンはそこまでの大金ではない。お金持ちなら、開業資金1億ウォン（約1000万円）以下のレンタルスタジオくらい、10回でもオープンできるだろう。

お金を失っても怖くないお金持ちのことを、僕はマットの上でバク転をする子どもにたとえることがある。

マットの上なら何をしても大ケガはしないとわかっているから、子どもはバク転にチャレンジすることをためらわない。お金持ちも同じだ。

彼らは「億」単位の事業にも恐れず挑戦できる。そのお金を失ったとしても暮らしていけるから。でも、僕たちには「富のマットレス」がない。コンクリートの地面でバク転するのは怖すぎる。

これが多くの会社員が会社を辞められず、新たな挑戦を恐れる理由、ほんの１００万ウォン（約１００万円）の投資を迷いに迷ってしまう理由だ。

僕にもそんな時期があった。10年前の僕にとって、４０００万ウォンは命と同じくらい大切なものだった。５年間、ドリップコーヒーを我慢してインスタントコーヒーを飲み、着たきりスズメの倹約家として暮らしながら貯めたお金だ。

一度に自分の資産を全賭けしてはいけない。それで失敗したら、すべてが終わってしまう。もう一度繰り返すが、絶対に全財産を一度につぎ込んではいけない。

では、リスクを減らすにはどうすればいいのか？

1回当たりのコストを減らして、何度もトライすればいい。

そうすれば、失敗したときのダメージがかなり小さくなる。自分が持っている資金が４０００万ウォンだとしたら、４００万ウォンずつに分けて10回トライしたほうがいい。もっといいのは、40万ウォン（約4万円）で１００回、４万ウォン（約４００

0円）で1000回、4000ウォン（約400円）で1万回トライすることだ。

1回当たりにかかるコストを最小化すれば、失敗したとしても負担なく再挑戦できる。そうではないだろうか？

しかも、トライの回数が増えるにつれて、成功の確率も高まっていく。こうして小さな成功を重ねていくことが、スーパーノーマルという実現可能な目標を達成させる基礎になる。

平凡な人が成功するために、もっとも確実な戦略は**「致命傷を負わないこと」**だ。

スーパーノーマルの法則　ステップ4の参考事項

「運の領域」の業務を行うときは低コストで頻度を最大にする「高頻度戦略」を立てよう

ライバルの10倍行動しよう

「おっしゃることはわかります。でも、4万ウォン（約4000円）や4000ウォン（約400円）で事業なんかできますかね？」

前述のスタッフは僕の話を聞くと、こう言った。

小さな挑戦を何度も繰り返せというのは、小さな事業をやれという意味だろうか？ もちろん、はじめて事業をするなら、なるべく資金がかからないものを選ぶというやり方には賛成だ。失敗してもダメージが少なく、再起する勇気を持てるからだ。

とはいえ、なるべく資金がかからない事業をやれと言いたいわけではない。

僕の戦略は「4000ウォンでできるビジネスを探す」という意味ではない。「スーパーノーマルの法則」は、**「自分の大切なリソースをどこに、どんな方法で投じるか」**という戦略だ。

「スーパーノーマルの法則　ステップ2」で、僕はひとつの仕事を実行して完了するまでの全プロセスを整理して、これを「運の領域」と「実力の領域」に分解すべきだとお話しした。このとき、運の領域に該当するステップでは、何度もトライする戦略を取ることによって成功確率を高められると説明した。

アメリカの不動産実業家グラント・カードンの著書『The 10X Rule : The Only Difference Between Success and Failure』(日本語未翻訳)には、億万長者になる秘訣の1つとして**「他人の10倍行動する」**ことが挙げられている。

目標を高く設定して、大胆に挑戦する回数を増やし、ライバルの10倍行動すれば成功を勝ち取れると彼は力説する。

僭越ながら、ここに僕の意見を1つ付け加えたい。

10倍の行動をしたときにその効果が最大化されるのは、実力の領域よりも、運や

確率に左右される領域だ。

しかし、実力が結果に大きく影響する部分で、トライの頻度を上げるのは、あまり賢い選択とは言えない。

たとえば、100kgのバーベルを上げる能力のない僕が、1日に何度もベンチプレスに挑戦しても、その日に成功させられる可能性はゼロだ。

実力の領域では、数回のリソースを投じる挑戦より、「学習」や「トレーニング」によってスキルを高めていくことのほうがはるかに重要だ。

一方、運や確率が大きく影響する領域の場合は、実力を伸ばそうとしてもあまり意味がない。トレーニングに時間をかければかけるほど、人生が泥沼化する恐れがある。

では、どうすればいいのか？

宝くじに当たる確率をほんの少し上げる方法が1つだけある。

それは、宝くじをなるべくたくさん買うことだ。運の領域では、できるかぎり多くトライすることによって成功の確率が高まる。

自分の元にたくさんの人を集める方法

ここからは、YouTubeを例に、ステップ4の「運の領域」での高頻度戦略について説明していきたい。

僕はこれまでの分析によって、**「テーマ選び」**や**「チャンネルの成長」などの成功は、ランダムに発生する**という事実に気づいた。

百発百中ヒットするテーマを見つけ出すとか、見た人全員にチャンネル登録ボタンを押してもらえる動画を制作することは、不可能だ（ただし、動画を見た数万人のうちの何割がチャンネル登録するかを予測することはできる）。

いくら話題性の高いテーマを選び、おもしろい台本を書いて、撮影スキルを上げ、上手に編集をしても——確率を高めることはできるとしても——おすすめ動画として、YouTubeのホーム画面に必ず表示されるとはかぎらない。

このとき、初心者ユーチューバーが試すべき方法がある。

1つのテーマについて、さまざまな素材で何種類もの動画をつくってアップするのだ。実力を磨くことに長い時間をかけて、1年に1本しか動画を投稿しない初心者より、まだ不慣れでも、1年に50本の動画をアップする初心者のほうがずっといい。

YouTube講師として、数多くの受講生を見守ってきた経験から断言するが、成功する可能性が高いのは明らかに後者だ。

前述のとおり、**今あなたが取り組んでいる業務が「運と確率の領域」にあるのなら、成功を引き起こす有効なハプニングに出会う頻度を高めなくてはならない。**

動画のアップロードは、「再生回数の爆発的な増加」という有効なハプニングを起こすための手段だ。

しかも、1年に50本もの動画をアップすれば、ぐんと経験値が上がって一石二鳥である。このとき前提となる条件は、ステップ3で解説したように**「市場で通用する必要最低限のレベルをクリアしている」**ことだ。最低限のクオリティーにも達していない動画であれば、数百本アップしても好評を得るのは難しい。

高頻度戦略のポイントを、そろそろご理解いただけたのではないかと思う。

では、成功する可能性が高いのは、次のうちどちらなのかを当ててみよう。

例1　インスタグラムで商品を宣伝するチャンミン氏

チャンミン氏は、先日インスタグラムのアカウントを開設し、1日に1本ずつコンテンツを投稿している。

人気の高いアカウントの秘訣を研究したうえで、自分の日常生活や顧客に向けたメッセージをアップして、多くのフォロワーと信頼関係を結んでいる。

今後は「オープンチャット」をつくって、顧客と交流していく予定だ。

例2　なんとかアポが取れた2〜3人に商品を営業するミンス氏

ミンス氏は情熱的な人だ。知人を通して、自分の商品を必要としていそうな人の連絡先を入手すると、早速アポを取り、相手の元に駆けつけて営業をする。

契約のチャンスをつかむために、お金と時間をかけて全力を尽くす。彼は「顧客との契約」という有効なハプニングを起こすために、1人ひとりに会って営業をする。

いい商品をつくることは、明らかに実力の領域だ。

しかし、**その商品を必要とする顧客との出会いを増やすのは、また別の課題**である。

例1のチャンミン氏はこの点をよくわかっていたので、インスタグラムやオープンチャットを使って、潜在顧客（自社の商品やサービスのことをまだ知らないユーザー）を確保しようと努めた。**例2**のミンス氏のように、購入の意志も定かではない2〜3人に「時間」という貴重なリソースを集中的に割くより、ずっと効率的だ。

しかも、インスタグラムやオープンチャットの運営には、ほぼお金がかからない。時間はたくさんあるが資金の少ない若者には、とくにいい方法だ。

チャンミン氏は、こうした方法で影響力を高めながら潜在顧客を確保し、自分の商品のニーズに気づかせることができるだろう。一方、事業家としてのミンス氏の未来はどうなるだろうか？　あなたのご想像にお任せする。

振り返ってみると、レンタルスタジオをはじめてオープンしたとき、僕は**例２**のミンス氏のような売り込みをしていた。

プロデューサーとして働く知人たちに「レンタルスタジオが必要なときはご連絡ください」と礼儀正しく挨拶をして、積極的に名刺を配った。暇さえあれば知人に会い、スタジオを宣伝した。必死に努力したが、たいして効果はなかった。

当時の僕の営業スタイルは、積極的ではなく、実はとても消極的だったのだ。

時が過ぎ、営業のカギは**「自分の商品を必要とする人を、できるかぎり多く発見すること」**だと気づいた。

何人かの知人を対象とした安易な営業活動では、潜在顧客を十分に確保することはできない。顧客が自分を見つけてくれるまで待っていても、事業がうまくいくわけがない。

「僕のサービスを心から必要としている人が１万人、いや、10万人ぐらい集まって

いる場所はどこだろう？」

僕はこのことをもっと熱心に考えるべきだった。

挑戦の回数を増やす高頻度戦略がなぜ重要なのか、もうご理解いただけただろう。

僕は高頻度戦略こそが、運を稼ぐ唯一の方法だと確信している。

現代は高頻度戦略にぴったりの世の中だ

「スーパーノーマルの法則　ステップ4」の高頻度戦略のポイントは「何度も挑戦する」ということだ。

そして、1回当たりのコストをなるべく減らしたほうが有利になる。使えるリソースが限られている状態では、コストを下げたほうがトライの回数を増やせるからだ。

もしかしたら、大学受験よりずっとラクかもしれない。

入試は、1回限りのチャレンジですべてを評価される。

失敗したら、浪人するか編入しない以上、希望の大学に行く方法はない。実力のみならず、運も作用するので、くやしい思いをする人もいるだろう。

しかし事業は受験とはちがい、生きているかぎり何度でもトライできる。前述のように、事業を始めるときにかかるコストを大きく減らせば、負担はさらに減る。

「事業を始めよう」「ビジネスをするんだ」と大げさに考えなくてもいい。

顧客を確保するためのブログ執筆、ＹｏｕＴｕｂｅ動画の制作、インスタグラムの投稿などは、時間さえあればタダで好きなだけトライできる。

スーパーノーマルの法則　ステップ４の参考事項

１　高頻度戦略を「運の領域」に適用しよう

２　コストを抑えて、何度もできる方法なら言うことなしだ

宣伝したいなら、SNSを使わない手はない！

僕は美容院のオープンを控えた友人に、「高頻度戦略」の説明をしたことがある。

彼は自分の仕事を心から愛している。手にできた湿疹も、勲章みたいなものだと笑い飛ばす人だ。彼が独立して自分の店を持ちたいという夢を、僕も応援した。しかし、彼はいざ自分で店を経営するとなると心もとないと言い、気後れしていた。

「僕はずっと有名なサロンチェーンに勤めていただろ？　僕のスキルよりブランドを信じてやってくるお客さんがほとんどだったから、これからは1人で生き残っていかないといけないと思うと、すごく不安になるよ」

彼が悩む気持ちは理解できた。

でも、僕が見たところ、彼は十分うまくやっていた。美容師として優れた技術を持っていたし、店舗の立地条件もいいし、内装工事の契約も終わっていた。あとは店を

「知ってもらうこと」だけだ。高頻度戦略が効果的な段階だ。

僕は彼に、どんなふうに美容院のオープンを宣伝しているのか聞いた。

「チラシを配っているよ。近所のマンションに数百枚ずつ」

僕は、お金と時間をかけずに、もっと多くの人に広報できる方法を探してみてはどうかと提案した。

「インスタグラムのアカウントをつくったらどうかな？　数百人どころか、数万人に美容院を知ってもらうチャンスがつかめると思うよ」

彼はちょうどインスタグラムを始めるところだったと言い、僕の意見に賛同した。最初は、フォロワー数を増やせないかも、と弱音を吐いていたが、ＹｏｕＴｕｂｅを見たり、数冊の本を読んだりして勉強し、すぐに数千人のフォロワーを獲得することに成功した。

インスタグラムによるマーケティングもまた、高頻度戦略の１つだ。

投稿の費用はゼロで、時間もそれほどかからないから、無限にトライできる。こうした方法を使えば、顧客の目にとまる頻度を、爆発的に高めることができる。

商品やサービスが一定のレベルをクリアしていれば、成功は高頻度戦略をどれほどうまく活用できるかどうかにかかっている、と言っても過言ではない。

最近、テレマーケティング業界で働く人と話す機会があった。

彼は歯科インプラント治療の電話営業をしていると言い、テレマーケティング業界の収益構造を教えてくれた。業者は顧客の連絡先を1件5万ウォン（約5000円）で買い、3万ウォン（約3000円）のマージンを乗せて、歯科医院にテレマーケティングサービスを提供する。

契約が成立した場合は、さらに顧客1人当たり30〜40万ウォン（約3〜4万円）の成功報酬が発生するという。歯科医院は、インプラント治療のマーケティングに大きな費用を支払うことになる。

ところが後日、僕は弁護士への諮問で、こうした営業は違法だと知った。実は、歯科医院にとって、かなりリスクの大きいやり方だったのだ。

こんな方法を選ぶくらいなら、歯科医院のYouTubeチャンネルを開設して、より多くの潜在顧客と接する機会を増やしたほうがいいのではないだろうか？

医師がみずからチャンネルに出演して、インプラントだけでなく、歯の健康に関する情報を発信するのだ。医師や薬剤師、会計士といった専門職従事者が動画に出演すれば、比較的すんなりと高い再生回数を獲得できる。希少価値のある専門知識を伝えられるからだ。

動画の再生回数が増えれば、潜在顧客との接点が爆発的に増えていく。潜在顧客の連絡先を1件8万ウォン（約8000円）で取得するやり方とはちがって合法的で、効果も高い。これは歯科医師と患者の双方にとってメリットが大きい。

広告費が減って病院の収益は増え、患者はより安い料金で医療サービスを受けられるようになるだろう。

「高頻度戦略」が企業を育てる

YouTubeチャンネル「申師任堂」を運営していた当時、高頻度戦略を活用して成功を収めたスーパーノーマルにインタビューしたことがある。

2016年、創業5年目にして年商600億ウォン（約60億円）を達成した化粧品メーカー「COSTORY」（現・ABT ASIA）の代表取締役キム・ハンギュン氏だ。今では大企業を率いる彼も、創業初期の2000年代前半は月商3000万ウォン（約300万円）前後で伸び悩み、スランプを経験していた。

苦戦していたそのとき、月商が数億ウォン（約数千万円）台に急増するという、魔法のような出来事が起こった。自社製品がサイワールド〔2000年代に大流行した韓国の元祖SNSサービス）のメイン画面に掲載された直後のことだった。

数多くのフォロワーを持つ、今で言うインフルエンサーがCOSTORYの商品レビューをアップし、これがメイン画面で紹介されたのだ。

当時はSNSマーケティングが今ほど盛んではなかったが、COSTORYは、多くのインフルエンサーに、さまざまな自社製品を送る活動を続けていたという。

化粧品を製造するときに生じる、若干の余分在庫をインフルエンサーにプレゼントする形だったので、配送料以外の費用はほとんどかからなかった。

こうして数百人と製品の接点をつくった結果、一部のインフルエンサーが反応し、サイワールドのメイン画面にレビューが掲載されて、数万人のユーザーにCOSTORYの製品が知られることになったのである。

その後、彼はダウムやNAVERといった韓国の主なポータルサイトにも、製品のレビューが同時多発的に露出されるようなマーケティング方法を研究した。

インフルエンサーによる広報戦略は、代表的な高頻度戦略の1つだ（日本では、202

3年10月から「不当景品類及び不当表示防止法（景品表示法）」によって、ステルスマーケティング（ステマ）が規制されている。インフルエンサーにPRを依頼する際には、規制内容を確認する必要がある」。

最近は多くの業者がこうしたマーケティング戦略を活用しているが、これを業界用語で「シーディング（Seeding）」と言う。種をまく、という意味だ。

シーディングもまた「クチコミの広がり」という有効なハプニングをつくるために、ターゲットとの接触を大きく増やす戦略だ。

その後もCOSTORYは成長を続け、年商2000億ウォン（約200億円）を達成して、アメリカの投資会社から2兆ウォン（約2000億円）で売却のオファーを受けたこともある。高頻度戦略が爆発的な効果をもたらしたのだ。

失敗を減らしてくれる高頻度戦略の魔法

高頻度戦略は成功確率を高めるだけでなく、失敗の確率を下げるためにも大きく役立つ。美容院をオープンした友人のケースと同じように、事業を始める前から高頻度戦略を実行すれば、より多くの潜在顧客を確保できる。

Tシャツマニアの人がTシャツ販売事業を始めるとしよう。僕なら、商品のコンセプトを決めて製作を始める前に、まずSNSのアカウントを開設する。

そして、ここにTシャツに関するさまざまなレビューをアップしたり、関連情報を集めて再編集したコンテンツを提供したりする。

そうすれば、クリエイターのセンスを支持するフォロワーが増えていくはずだ。こうしてフォロワーとの波長がぴったり合ったら、彼らが求めるスタイルのTシャツをつくって販売すればいい。

ただし、ある日突然、「さあ、販売開始です！」と告知してはいけない。

企画から発売までのエピソードを、YouTube動画やショート動画、インスタグラムのフィードやリールにアップし、それと同時に、Tシャツマニアの間で話題になりそうなイベントも準備するといい。

ここまで完了したら、いよいよ販売するTシャツのデザインをYouTubeやインスタグラムにアップする。ファッションに関心の高いフォロワーたちが、なんらかの反応を見せるだろう。

このとき、フォロワーの間で好評だったデザインのTシャツから発売すれば、なんの情報もなく商品を発売したときよりも、失敗のリスクが大きく下がる。

おまけに、すでに多くのフォロワーを確保しているから、潜在顧客を対象としたイベントなどのマーケティング戦略を展開しやすい。この頃になれば、自分のビジネスに注目する「ファン」がついているかもしれない。

ヒット商品が生まれるまで、何種類ものデザインのTシャツをつくるというやり方は、コストの負担が大きい。つまり、生産段階には高頻度戦略を導入しにくいのだ。

そこで、前述のようにアプローチの方法を変えなければならない。

YouTubeやインスタグラムに、さまざまなデザインのコンテンツをアップし、「ヒット商品」になりそうなデザインをリサーチする作業は、自分がやめないかぎり何度でも試せる。

ヒットが見込めるコンテンツを見つけ出す方法とは？

実際にコンテンツ業界では、商品の発売前に高頻度戦略を活用することがある。

NAVERウェブトゥーンのアマチュア作家プラットフォーム「挑戦マンガ」（日本では「LINEマンガ　インディーズ」）を例にとってみよう。

NAVERウェブトゥーンはどのようにヒット作品を発掘しているのか？

伝統的なコンテンツ業界である出版社は、マンガ家から持ち込まれた原稿を編集者が検討し、契約するかどうかを決める。多くの持ち込み原稿のうち、本として出版されるのは編集者に選ばれた少数の作品だけだ。


一方、NAVERウェブトゥーンは「挑戦マンガ」というサービスをつくり、誰でも自由に自分が描いたウェブトゥーン（ウェブコミック）をアップロードできるようにした。

数十、数百編のウェブトゥーン作品が、毎月「挑戦マンガ」にアップされる。

その中から、読者の反響が大きかった作品の作家と契約を結び、正式にウェブトゥーンの連載を開始したり、単行本として出版したりするというシステムだ。

高頻度戦略の最大のポイントは、**「事業に有効なハプニングと遭遇する頻度を上げ**

る」ことにある。

NAVERウェブトゥーンは、新人作家による原稿の投稿および、作品を検討する過程に「高頻度戦略」を取り入れた。これを通して読者の反応をリアルタイムで確認し、ヒットが見込めるコンテンツを見つけ出している。少数のウェブトゥーンプロデューサーが契約の可否を決めて発売するという方法よりも、リスクを下げ、成功の確率をいっそう高めたと言える。

僕たちのようなノーマルにとって、なぜ高頻度戦略が重要なのか?

それは、**物的・人的リソースが不足しているという限界があるため**だ。

コストを最大限に下げて何度も挑戦すれば、成功のトリガーとなる有効なハプニングとの接触頻度がぐんと高まる。ある時点を超えると潜在顧客との接点が急速に増え、成功を味わうことになるだろう。

一度に全賭けするのではなく、10回、100回、いや、1万回トライしよう。

僕はこれこそが、ノーマルに有効な戦略だと信じている。

スーパーノーマルの思考法

賢く何度も挑戦しよう

多くの人がお金儲けに失敗する理由

お金持ちになれない人が多いのはなぜなのか？

主な理由を1つだけ挙げるとしたら、それは**「挑戦しないから」**だ。人は新しいことを始めたがらない。失うのが怖いからだ。

行動経済学の「損失回避の法則」という有名な理論がある。

ノーベル経済学賞を受賞したダニエル・カーネマンとエイモス・トベルスキーの実験によれば、人は同じ金額を得たときに抱く満足感より、失ったときに抱く喪失感のほうが2倍以上も大きいという。

100万ウォン（約10万円）を稼いだときの満足感を100とすると、100万ウォンを失ったときの喪失感は200以上になる。多くの人がすんなり新しいことに挑戦できず、お金持ちになれないのはこのためだ。

しかし、挑戦しなければ何も変わらない。今のまま生きていたら、同じ人生が続いていくだけだ。

大切なアイデアを「可能性」だけで終わらせるな

「ポテンシャルが高い人」という評価を受けたことはあるだろうか？

僕は社会に出たばかりの頃、そう言われたことがある。

はじめは褒められているのかと思ったが、時が経つにつれてそうではないと気づいた。「有能なプロデューサーになれる可能性」「貧しさから抜け出せる可能性」「10

0億ウォン（約10億円）の資産を手にする可能性」……**そのすべてが可能性だけで終わったとしたらどうなるだろう。**挑戦できなかった可能性が高ければ高いほど、深い後悔に苛（さいな）まれて生きることになるにちがいない。

将来、後悔しないための唯一の方法は、可能性のリストに書かれた内容を今すぐにすべてやってみることだ。そうすれば、失敗することはあっても後悔はしない。

僕の経験から言えば、自分の行動に対する後悔は思いのほか少ない。チャレンジしたことで結果を知ることができたから、成否はさておき、すがすがしい気分だ。でも、挑戦できなかったことへの後悔は大きい。

おいしいチョコレートとまずいチョコレート、1つずつ入った箱をもらったとする。あなたは、どちらのチョコレートから先に食べるだろうか？

先にまずいチョコレートを食べて、おいしいチョコレートを残しておけば、残りの1つを食べることを想像しながら幸せな気分で過ごせるかもしれない。

しかし、途中で誰かに箱を奪われてしまったら？

最後のチョコレートのうっとりするような味を永遠に知ることができず、大きな心残りを抱えることになるかもしれない。

人生は有限だ。何も始めようとせずにためらうのは美徳ではない。

失敗の代償が「ゼロ」なら、誰でも挑戦できる

いまだに挑戦を恐れているあなたにぴったりの戦略が「スーパーノーマルの法則ステップ4」の「高頻度戦略」だ。もし成功する確率が60%、失敗する確率が40%のゲームがあったら、全財産を賭けられるだろうか？

成功する確率のほうが高いとはいえ、かなり危険に見える。40%の確率で失敗すれば全財産を失ってしまうのだ。でも、全財産を分けて、数万ウォン（約数千円）ずつ何度も賭けられるとしたら？ ゲームに参加したほうが得だ。そんなゲームなら、僕はきっと参加するだろう。

このように、**「運」の影響を大きく受けた領域で、何度も挑戦を繰り返せるなら、**

未来の成功は約束されているも同然だ。

映画『オール・ユー・ニード・イズ・キル』でトム・クルーズが演じた主人公ウィリアム・ケイジは、死を迎えると、前日にループする。エイリアンの侵略から地球を救うために闘う彼は、失敗が確実となった瞬間、自ら死を選ぶ。再び生き返れるとわかり、死を恐れなくなったのだ。彼はこうして試行錯誤と学習を繰り返し、どんどん強くなっていく。

一度の事業に命を賭ける必要はない。ウィリアム・ケイジのように、失敗しても生き返れるなら、へこたれずに再び挑戦できる。これは、富のマットレスを持たないノーマルにぴったりの戦略だ。

古代人が初めて世界を見た時のような
新鮮さと違和感を持って、
あらためて世界を見ることで、
僕たちは世界を創り直し、
未来にそれを残すことができる。

——ピーター・ティール、ブレイク・マスターズ
(『ゼロ・トゥ・ワン 君はゼロから何を生み出せるか』著者)

ステップ 5

成功を無限リピートする

不平不満なんか、言っている暇はない

僕のインスタグラムに「ぜひ一度会いたい」というDMをくれた人たちと実際に会ったことがある。

少しでも助けになれたらと思い、僕が成功の秘訣だと信じている「スーパーノーマルの法則」(スーパーノーマルという用語自体は、本書を執筆するときにつくった)をこっそり教えたこともあった。

そのうちの数人は、時が経ってから、次のページにあるようなうれしいDMを送ってくれた。ありがたいことに、最近もたくさんのDMが届く。

アン〇〇

チュ・オンギュさんの講義のライブ放送とアーカイブ配信を欠かさず見たおかげで、人生が一変しました。最近チャンネル登録者数が4万5千人に増えて、100万ウォンのアドセンス収益も入りました。これからももっとがんばります！本当にありがとうございます。

本当ですか？
おめでとうございます！

YouTubeライブも全部チェックしました！ まだまだ不慣れで学ぶべきことがたくさんありますが、これからもチュ・オンギュさんについていけば、さらにいい結果が出せそうです。

キム〇〇

チュ・オンギュさん！ 先日のライブ放送でフィードバックしてくださった内容を自分のビジネスに取り入れています。本を読んで、ゴルフを研究して、動画をアップしています。3週間で動画3本をアップして、今日から収益化できるようになりました！

おめでとうございます！

チュ・オンギュさんの講義を見てアイデアをもらったおかげです。別のチャンネルに動画をアップしながら身につけたノウハウをゴルフチャンネルにも応用したら、効果がありました！ 本当にありがとうございます。

J〇〇

〈申師任堂〉を見て、大学院に通いながらスマートストアを始めました。2022年は、オンラインショッピングモールで売上11億ウォンを達成したんですよ

人生が大きく変わりました。

ありがとうございます。

僕もこれから不動産オーナーになれるまでがんばってみます！

ファイト！

テ〇〇

チュ・オンギュさんの教えどおりにやりました！

2週間で!!

本当にありがとうございます!!

おぉ、よかったです！

チュ・オンギュさんから学んだノウハウをインスタに活用しました。僕は1月にダイエットを始めて、講義で習ったとおりにダイエットのビフォーアフターと全過程をアップしたら、3カ月で急成長して、今はフォロワーが5万人です。インスタアカウントの成長スピードがすごく速いです。本当にありがとうございます。

「スーパーノーマルの法則」を実行すると、自分の現状に不満を言うことがなくなる。

YouTubeの登録者数が100人しかいない？
100人でも収益を出している人がいる。

まだ資金が貯まっていない？
少ない資金を増やしてお金持ちになった人は、世の中にあふれ返っている。

人脈がない？
特別な人脈を使わずに、自分の影響力を高めた人はいくらでもいる！

自分と似た状況で「突然変異」的な成果を上げた人を探すのに忙しくて、不平不満を言う暇がない。

また、自分はどうせ運が悪いからとしり込みしたり、世の中を恨んだりすることもなくなる。「突然変異」を見つけたら、これを模倣するためのプロセスを整理して「運の領域」と「実力の領域」に区別する作業が始まり、よけいなことを考える時間などないからだ。

一度身につけた実力は、簡単に消えることはない。だから、まずはとにかく実力を育ててみよう。コツコツ学んでスキルを身につければ、成功できる確率も上がっていく。一方、運に左右される領域では、コストを下げて何度もトライするという方法がベストだ。

いかがだろう？　プロセスを真似しただけなのに、少しずつ成果が上がるようになってくる。ここから先は、そんな輝かしい成果を日常的に出し続けるステージだ。

スーパーノーマルの法則　ステップ5

高い成果を出し続ける！
成果が出てきたら、次のステージに進むタイミングだ

睡眠時間を減らすのではなく、スタッフを雇おう

突然変異を複製して、運と実力の要素を分解し、全力で取り組んで成果を出したときはとにかくうれしい。ＹｏｕＴｕｂｅのチャンネル登録者数が１万人から10万人に増え、スマートストアの月商が１０００万ウォン（約１００万円）から数千万ウォン（約数百万円）に跳ね上がれば、達成感という快い刺激を味わえるだろう。

しかし、さらなる成長を追求し続けていると、決して避けることのできない停滞期が訪れる。**「スランプ」**だ。

では、成長を目指すのはやめて、その場にとどまったほうがいいのだろうか？

そうではない。現状を維持しようともがいていても、結局は燃え尽きてしまう。

長い目で見れば、スランプはいいサインだ。誰しも通り過ぎる道だということさえわかっていれば、ポジティブに受け入れられる。こんなふうに考えてみてはどうだろう？

「僕がこんなに苦労するなんて……
今ごろ、他の人たちもきっと大変な思いをしているはずだ。
ライバルの半分が脱落していくにちがいない」

スランプから抜け出したいなら、絶対にあきらめないでほしい。停滞期を乗り越えるには、改めて**「成長の解像度」を高める**ことも大切だ。

ワンステップ成長した今は、以前とは少し状況がちがっていることだろう。

毎日が過密スケジュールになり、考えるための時間が絶対的に足りなくなる。だからといって、睡眠時間を減らすという選択はしてはいけない。

健康は何にも代えがたい財産だ。

さあ、それなら答えは1つしかない。**「運の領域」を担当するスタッフを雇おう！**

「えっ。〝運の領域ではコストを下げるべきだ〟と言っていたのに、人を雇うんですか?」

こんな疑問を抱く読者もいるだろう。

しかし、人件費をかけてでもスタッフを雇うべき理由がある。

運の領域で成功するには、何度もトライしてチャンスの頻度を高めなくてはならないが、スタッフがいれば、この仕事を効率的にこなしてくれるからだ。

スタッフはあなたがつくったマニュアルに沿って「反復トライ」をして、顧客との接点を増やすだろう。この仕事を他の誰かに任せれば、あなたには時間的な余裕ができる。あとは、増えた時間を上手に活用していけばいい。

自分のプロセスをさらにじっくり見つめ直し、新しい突然変異を見つけていこう。国内で見つからないなら、海外市場に目を向けるのも手だ。

成功をリピートするマニュアルをつくろう

運の領域をスタッフに任せ、また新しい突然変異を発見した。

そしてさらに一歩成長できたとしたら、次にすべきことはなんだろうか？

自分が歩んできた道を記録し、プロセスを組み立て、マニュアルをつくることだ。

リーダーとして会社や団体を回していくなら、いずれは運の領域以外の業務もすべて誰かにゆだねなくてはならない。

そのとき、あなたに必要なのはどんな人材なのかを見ていこう。

1　突然変異を見つけ出すスタッフ

自分たちの会社や団体が抱えている言い訳、つまり成長や業務のネックとなっている要因を突き止めて、市場調査をする業務を担う。

しかし、ネックになるものは、事業が成長するにつれて変わっていく。スタッフは、新たに発生したネックと、もはやネックから除外してもかまわないものとを区別する。

また、自分たちより高いパフォーマンスを出さなくなった突然変異を対象から外し、もっとレベルの高い突然変異を探す作業を主な業務とする。

スタッフは、新しいアイデアを出し、組織の成長を導く役目を果たす。観察力やクリエイティビティのある人材に向いた仕事だ。

2 分解するスタッフ

突然変異の特別な要素を、どんなふうに取り入れるか仮説を立てて検証し、これを実現するためのコストパフォーマンスを計算する業務を担当する。

全体的なプロセスを、自分たちの組織に合うようにアレンジする能力が求められる。計算が得意で、自分たちの事業を客観的な目で見られる人に向いている。

3 「実力の領域」の業務を担当するスタッフ

実力の領域を担当する人材は、経験者を採用するのがいちばんてっとり早い。突然変異を参考にしてつくったプロセスに足りない部分を補いつつ、業務のクオリティーを高めてくれる人材が必要だ。

大企業に勤務した経験のある人なら、よりうまくこなせる可能性が高い。

また、このスタッフは、新入社員のレベルアップを目的とした「業務マニュアル」の作成を担当する。

実力の領域は学習によって伸ばせるため、この業務マニュアルによって組織がバランスよく発展していく。業務の中心的な役割を果たすので、他の職種のスタッフに比べて給料も高めに設定する。

4 「運の領域」の業務を担当するスタッフ

「誰がやるか」ではなく、「何度やるか」のほうが重要な領域。

そのため、「最低コスト」がカギとなる。つまり運の領域では人件費を下げることが肝心なので、新入社員やインターン、あるいはアルバイトに業務を任せるのが効率的だ。業務のプロセスをできるかぎり単純化し、最低コストで頻度を高めることを目標にする。

この業務を遂行したスタッフは、市場を見る目を養っていくことだろう。

運の領域では、新入社員と経験者の成果に差がない。そのため、このポジションにわざわざ経験者を採用するメリットはない。トライの頻度とこれをコツコツと実行していく生真面目さ、低コストが重要だということを覚えておこう。

スーパーノーマルへの道に近づく方法はシンプルだ。

だからこそ難しい。

スーパーノーマルを目指すあなたを応援する。

スーパーノーマルの思考法

早めに失敗して、早めに成功しよう

スーパーノーマルへの道に、怠け者の完璧主義者はいらない

「スーパーノーマルの法則」の効果を最大化する方法、つまり、早く成果を出すためにぴったりの方法がある。簡単なことだ。自分の潜在顧客の反応を、早めにチェックすればいい。

「怠け者の完璧主義者」という言葉がある。

完璧な計画を立てて準備が整うまで、何も始めようとしない人のことだ。厳密には怠けているわけではなく、完璧さを追求しているのだ。

怠け者の完璧主義者は、僕たちの周りにあふれ返っている。

たとえば、納得のいく「完璧な結果」が出るまで、上司になんの報告もしない新入社員がいるとしよう。仕事を完璧にこなそうという心意気は立派だが、上司を満足させるのは難しいはずだ。新入社員が1人で延々と悩んでいても解決にはつながらない。それよりも、上司にこまめに報告をして、フィードバックを受けながら修正を重ねたほうがいいものができる。

僕たちは、小さな成功を何度も繰り返しながら成長することを目指している。「スーパーノーマルの法則」を実行するときは、**早めにフィードバックを受けて、次の挑戦に積極的に反映させていくほうがずっと効果的だ。**

♟「小さな成功」が生き残る道となる

僕もまた、「早めにフィードバックを受けて、プロジェクトの成長スピードを最速化する」という戦略を活用することが多い。

たとえば、YouTubeチャンネルで新しいプログラムを企画するときは、必ずコミュニティ機能（宣伝や告知など、動画投稿以外で視聴者とつながることができる機能）を使って企画の方向性とアイデアを投稿し、登録者の反応をチェックする。僕のチャンネルのコミュニティ投稿まで読んでくれる人なら、「メイン顧客」であり「コアな登録者」だと言える。

このメイン顧客のコメント、つまりフィードバックを確認したうえで動画をつくれば、失敗のリスクを減らせる。「申師任堂」で絶大な人気を集めた不動産ウェブドラマコンテンツもこんな方法で誕生した。

潜在顧客のフィードバックをいち早く取り入れて、成果を高めている企業は多い。あるオンライン講義プラットフォームでは、まず講師と交渉してカリキュラムを組み、広報動画を制作する。

この広報動画によって潜在顧客の反応を分析し、反響の大きい講義にリソースを集中的に投じて、販売を開始するというシステムだ。

成功の原理を活用しよう

「フィードバックを早めに反映する」という成功のメイン原理は、誰でも活用できる。

YouTube動画の再生回数がなかなか上がらない？

そんなときには、タイトルを思わずクリックしたくなるような、魅力的な言葉に変えてみよう。あるいは、台本をブラッシュアップしてみよう。それでもダメなら、サムネイルのデザインの方向性を変えてみよう。いっそのこと、まったく新しいテーマの動画をつくってみよう。迷っているより、すぐにチャレンジして顧客＝チャンネル登録者の反応を確認したほうがずっといい。

「僕は完璧主義者だから、急がず慎重に始めようと思っているんだ。どんなふうにやろうかじっくり考えていて……」

これではダメだ。ただ考えているだけではなんの意味もない。怠け者の完璧主義者は決してスーパーノーマルにはなれない。

第3章

こうして
自分の限界を
超えていく

こんなに堅苦しい本をここまで読んできたあなたに、まずは拍手を送りたい。あなたが何を願っていようとも、それを必ず手に入れることになるはずだと信じている。あきらめずにやり通す根気を持った人だからだ。

スーパーノーマルへの道はとても単純だ。粘り強く観察を続けて突然変異を見つけ出し、きちんと分解して、実力を伸ばしながら何度もトライすれば、あなたの人生はきっと変わることだろう。

第3章では、スーパーノーマルになったあなたの未来を予想してみたい。

短期間で富を得たスーパーノーマルには、人生がなんだか長く感じられるかもしれない。僕もそうだった。「申師任堂」を20億ウォン（約2億円）で売却したとき、これぐらいの資産があれば、気ままにいい暮らしができそうだと心が弾んだ。

ところが、それもしばらくの間のことだった。僕の夢は思った以上に大きくなり、人生は長かった。この程度の快適さに甘んじて生きることを、他の誰でもなく僕自身が許さなかった。

きっと、あなたもそうだろう。1カ月の収入が300万ウォン（約30万円）から1

000万ウォン（約1000万円）に増え、資産が2、3億ウォン（約2、3000万円）から20、30億ウォン（約2、3億円）に増えたらどうなるか？

おそらく、こう思うはずだ。

「これで終わり？　もっと上はないの？」

さらに成長したいあなたには、次のプロセスが必要だ。

先行く人の成功からヒントを見つけて、短期間で成長する「スーパーノーマルの法則」には、必然的な限界があるからだ。それは「誰にでも真似できる」点だ。

追いかける立場からすれば最高の利点だが、先行く存在になってからはそれがプレッシャーになる。**激しい競争の中で生き残るために、ここからは自分だけの道をつくっていかなくてはならない**。

だとしたら、次はどんなステップが必要なのか？

スーパーノーマルがさらなる成長を遂げるためのプロセスについて、3つのヒントをみなさんに共有したい。もし先に答えを見つけたら、僕にもぜひ教えてほしい。僕もまた、あなたと一緒にスーパーノーマルを超えたい。

ヒント1

組織のレベルを高めよう

僕たちはこれまで、スーパーノーマルになるために熱心に「分解」を行ってきた。工程を1から10まで細かく分けて、それぞれの工程をさらに分解した。「運の領域」と「実力の領域」に区別して何度も挑戦し、一生懸命に学んで成長を遂げた。

ところが、ここで問題が発生する。

他の人々も分解を実行して成長し、自分のあとを追いかけてきているのだ。**ライバルを振り切る方法は簡単だ。彼らより先を行けばいい。**

誰かが二歩後ろまでやってきたら、三歩先に進めばいいだけだ。これから僕たちは、他の人々よりも前に進んでいく努力を続けなければならない。そのために、抜きん出た組織をつくる方法を2つご提案したい。

1　抜きん出た組織はコミュニケーションが速い

ライバルに勝つには、あらゆる面でスピードを上げなくてはならない。

しかし、組織の規模が大きくなるにつれて、一緒に働くメンバー間のコミュニケーション速度は必然的に遅くなる。1つひとつの決定に時間がかかり、実行が遅れる。そのせいで成長スピードが落ちる悪循環を阻止するには、コミュニケーションの速度を飛躍的に上げる必要がある。

解決策の1つめは、**「(分解が完了した) 複雑なプロセスを、「ひとこと」で単純明快に表現すること」**だ。例を挙げて説明しよう。

ある日、チームリーダーがメンバーにこんなメッセージを送ったとする。

「本日14時より、**コンセプト会議**を行います」

すると、メンバーたちは一斉に会議の準備を始める。社員Aは会議室を予約し、B

は会議用の資料をプリントし、Cは報告内容の最終チェックを行う。

チームリーダーが細かい指示を出さなくても、メンバーそれぞれが会議に向けた業務をきっちりこなす。これが可能なのは、チーム内で「コンセプト会議」という業務についての共通認識ができあがっているからだ。コンセプト会議という1語だけで、メンバーの意識と行動がスムーズに定まる。

このように、**さまざまな業務をひとことで表す共通言語**をつくり出せば、実行に移すまでの時間を大きく短縮できる。

効率的なコミュニケーションのためには、メンバー全員が組織内で使用される共通言語の意味を正しく理解し、実行の順序と自分の役割を把握していなければならない。組織内での教育が必要だ。

また、メンバーそれぞれがみずからの担当業務をミスなく、しっかりと遂行しなくてはならない。これもまた、組織がメンバーをどのように教育し、成長させるかにかかっている。

僕も自社において、このコミュニケーション方法を活用している。
ある日、僕が「来週までにキーコンテンツを1本つくろう」と言ったとする。
メンバーはどんな動きをするだろうか？

（目標）

キーコンテンツをつくろう！

（実行）

① YouTubeで販売する商品を選び、仕入れ先を決める

② 商品販売ページを制作する

③ 商品販売ページのリンク先URLとともに、YouTube動画のコメント欄に掲載するメッセージの原稿を作成する

④ 商品を広報する動画をつくり、チャンネルにアップロードする

この①〜④までの工程が、「キーコンテンツ」という1単語にふくまれている。

工程をひとことで表す共通言語を組織で共有した結果、コミュニケーションの処理速度が上がったのだ。スピーディーな意思疎通はスピーディーな実行、そして、スピーディーな成果と成功につながる。これは脳を最適化して、限りある脳の使用量を増やす方法でもある。

ステップ2で解説したとおり、ノーマルからスーパーノーマルにレベルアップするには、「分解」という過程が欠かせない。

自分がやろうとする作業の全体プロセスを細分化し、マニュアルをつくれてこそ、リーダーに成長できるからだ。

しかし、**リーダーになったあとは、分解した工程を再び1語にまとめる共通言語をつくり、スタッフ間のコミュニケーション速度を上げなくてはならない**。これは組織のレベルをワンランク引き上げる、もっとも基本的な方法だ。

2 プロの視点を借りて、足りないピースを埋めよう

組織のレベルを上げる2つめの方法は、**「プロの視点」**を借りることだ。

専門家の目から現状を見ることによって視点が変わり、自分が認識できていなかった「抜けた歯」のような問題点を発見できる。


僕は数カ月前から水泳を始めたことをきっかけに、この「プロの視点」の重要性に気づいた。

健康増進を兼ねた趣味として軽い気持ちで始めたが、負けず嫌いな性格が出てきて、もっとうまくなりたいと思うようになった。

YouTubeで水泳に関する動画を探して配信者に質問しながら、腕の角度を変え、水の抵抗をあまり受けない姿勢を真似して、ターンの練習をしてみたりもしたが、僕のタイムは伸びなかった。

そんなある日、僕の悩みを黙って聞いていた後輩がこんなことを言うではないか。

「あぁ、それは市民プールだからですよ」

後輩は「市民プール論」を熱く語った。

ふつうに泳げるレベルでいいなら今の市民プールでも十分だが、それ以上のレベルを目指すなら「泳ぐ場所」を変えるべきだという話だった。

そして、記録を伸ばす方法には、インストラクターがしっかり指導してくれる施設に通ったほうがいい、と強く勧められた。

僕は後輩のアドバイスに従い、それなりに高い料金を払って、国家代表選手もトレーニングに使っているという施設で本格的なレッスンを受けてみることにした。

結果は成功だった。スピードが上がり、ずいぶんラクに泳げるようになった。

僕はこの経験によって、レベルを高めるにはプロの指導を受けなくてはいけないと気づいた。

僕は、後輩の「市民プール論」を事業にも取り入れることにした。

最初に変えたのは人材採用の基準だ。以前は、応募者のやる気や情熱を重視していたが、今は自社に足りない専門性を補ってくれる優秀な人材を採用しようと努めている。

事業を始めたばかりの頃、応募者の専門性は僕にとって最重要基準ではなかった。

当時の目的は、「僕がつくったプロセスを、忠実にこなしてくれるスタッフ」を採用することだったからだ。

創業初期は、特別な成果を安定的にリピート成功させることが重要だ。そのためには一分野のスペシャリストより、プロセスを忠実にこなしてくれるノーマルが必要だ。

しかし、事業が軌道に乗ってスーパーノーマルになったあとはそうではない。

卓越した専門性と独創的な視点によって、プロセスにおける弱点を発見し、改善できる人材が必要だ。つまり、**自分たちに足りない能力を持つ人材を採用しなくてはならない**、ということだ。

僕のＹｏｕＴｕｂｅチャンネルを例にとってみよう。

かつては動画のテーマ選びから撮影、台本作成、サムネイルづくり、ゲストの出演交渉まで、何もかも自分1人で担当していた。チャンネル登録者数が10万人を超える頃になると、僕と同じクオリティーで台本を作成し、サムネイルをつくって、ゲストの出演交渉を担当してくれるスタッフが必要になった。

当時は確立されたプロセスに沿って業務をこなしてくれるスタッフを採用したが、今はちがう。台本を僕よりうまく書ける構成作家と、僕にはないセンスを持つ動画編集者を重点的に選ぶ。

自分にはないものを持っている人を採用したことによって、チャンネル登録者数が再び増え始めた。

成長が止まったなら、プロの目が必要な時期かもしれない。
思いどおりにいかないイライラを感じたときがチャンスだ。そのサインをキャッチして、プロの視点で現状を見つめ直せば、思考の次元が変わる。

ヒント2

「ネットワーク」を構築しよう

僕は2015年から事業を始めた。

2017年、本格的にスマートストアに飛び込んだ頃の月商は、7000万ウォン(約700万円)程度だった。会社員よりは稼ぎがいいが、他のスマートストア出店者と比べれば、年商にして8億ウォン(約8000万円)というのはそこまで大きな額ではない。それにもかかわらず、当時の僕はおそらくもっとも有名なオンライン販売者の1人だった。

なぜ有名になれたのか?

その答えは、**「ネットワークの広さ」**にある。

当時、僕は「申師任堂」の運営にかなり力を入れていた。

YouTubeの世界で徐々にチャンネルの影響力が高まり、それにともなって僕の名前も広く知られるようになった。もしYouTubeというプラットフォームが韓国で流行することなく消えていたら、僕の影響力はここまで大きくなっていただろうか？

この経験によって、僕は1つの真理を悟った。

人、ブランド、会社、商品、プロジェクト……あらゆることの成功は、ネットワークの広さにかかっているということだ。

ネットワークは、スーパーノーマルのさらなる成長においても重要な役割を果たす。このネットワークとはいったいなんなのか？　成功するには、これをどう活用すればいいのだろうか？

「ネットワーク」は、スピーディーに大きく成功するための近道だ

現在、僕はYouTubeを始めとして、ブログやNAVERポスト（さまざまな分野のプロが専門知識を投稿するコンテンツサイト）、インスタグラム、NAVER TV（動画ストリーミングサイト）など、さまざまなプラットフォームで活動している。最近は、スレッズでも活発にフォロワーと交流している。

僕がこうしたさまざまなSNSに多くの時間を割き、コンテンツを発信する理由は1つだ。**それぞれのネットワークで、自分の影響力を高めるため**である。

これらのプラットフォームの一部は、かつてのYouTubeのように、いずれ爆発的な成長を遂げることになるだろう。

そうなれば、このネットワークとつながっている僕もまた、一緒に急成長するチャンスを手にする。ネットワークを有効活用すれば、自分の影響力を育て、社会的な成功を収めるスピードを速められる。

「複雑ネットワーク」の新しいモデルを提唱した、ノートルダム大学教授アルバート＝ラズロ・バラバシ（理論物理学者。インターネットの弱点、エイズの急速な広がりなど、さまざまなネットワークに共通するしくみを発見）のインタビューに着目してみよう。

バラバシは、一見似たように見える「成果」と「成功」という言葉には、意味のちがいがあると主張する。

成果は個人的なパフォーマンスにともなう結果だが、成功はそのパフォーマンスの価値が、社会にどれだけ認められるかにかかっている「集団的な現象」だという。

つまり、成功を手にするには、あなたの成果を価値あるものとして認め、世の中に広めてくれる「ネットワーク」が欠かせないのである。

バラバシは著書『ネットワーク科学が解明した成功者の法則』（光文社）の中で、ネットワークの必要性を示す具体的な事例として「アートの世界」を例に挙げ、芸術家の成功を決める最大の要因はネットワークにあると述べている。

ここでのネットワークとは、美術館や博物館、ギャラリー間のつながりを意味するが、**芸術家の成功は「キャリアの初期に、どんな場所で作品が展示されたか」に大きく左右される**という。ニューヨーク近代美術館のように影響力が強く、国内外にネットワークを持つ一流美術館でキャリアをスタートすれば、その後も成功街道を歩んでいける可能性が高いというわけだ。

もちろん、成果を出せなければ成功はできない。しかし、成果を出したからといって必ず成功できるとはかぎらない。スーパーノーマルとして成果を出したなら、ネットワークの重要性を見逃してはならない。

勢いのあるネットワークの中で影響力を高めることによって、さらに早く、もっと大きな成功に近づける。そうすれば、足し算を超えた、かけ算のような倍速の成功が可能となる。

自分が中心のネットワークをつくる

僕はこれまで、さまざまなSNSで影響力を高めようと努力してきた。最近はさらにその先を目指して、**「自分を中心としたネットワークをつくれないだろうか」**と考えるようになった。

1人企業から始めて、事業が拡大するにつれてスタッフを採用していく中で、本質的な限界にぶつかったからだ。

最初にスタッフを採用したときは、「僕のような人がもう1人いたらいいな」という気持ちしかなかった。

僕をそのままコピーした人がもう1人いれば、成果を2倍に増やせる。3人なら3倍、4人なら4倍の成果を収められるだろう。

事業が成長すると、もっと大きな成果を出すためにシステムとプロセスをつくり、自分の成果をそのままコピーするスタッフが必要になるのは、このためだ。

自分のつくったプロセスを、誰よりも理解して実行してくれる〝賢い〟スタッフが多ければ多いほど、事業は繁盛していく。

ところが、事業が完全に成長軌道に乗って業績がさらに伸びていくと、僕のような社長は新たな悩みにぶつかる。**「スタッフの離職」**だ。

優秀な人材であればあるほど、独立して自分の事業を始めようとする。

もちろん、これは嘆くべきことではない。人間は「自分のもの」をつくりたいという欲望を捨てられない。

自分にしかできないことを成し遂げたいという欲求を実践すること、つまり自己実現は人間の本質的な欲求の1つだ。

雇用主がいくら成果給や年俸を上げて、福利厚生を充実させても、人間の根源的な欲求を抑えることはできない。

だとしたら、会社をどんどん大きくしてスタッフを採用するだけでは、持続的で安定的な成果を出せないことになる。どうすればいいのだろう？

僕は悩んだ末、新たなチャレンジをすることにした。

他人が僕のために働きたくなるようなシステムをつくる

賢いスタッフの独立と、自分を超える人が続々と育っていく問題をどう解決すればいいのか？　僕はこうした優秀な人々を自分の味方につけようと考えた。彼らが自分から、僕のサポーターになってくれるようなネットワークシステムを構築するのだ。これは、承認欲求や利己心をうまく活用する方法だ。

具体的な例を挙げて説明しよう。最近、僕は「YouTube・スタディグループ」というNAVERカフェ〔オンラインコミュニティ〕を開設し、「人生はチームプレー」というプロジェクトを始めた。

コミュニティの会員たちはここで自主的な会合を開き、自己啓発に役立つ資料を共有しながら切磋琢磨する。会合の中ですばらしい成果を発表するチームが出てきたら、僕はそのチームのリーダーをYouTubeチャンネルでインタビューして、影響力を付与する。「人生はチームプレー」のチームリーダーとして、僕とのネットワークが自然に形成されるわけだ。こうした活動を通してコミュニティの規模はしだいに大きくなり、僕の影響力も高まっていく。

コミュニティでの活動に統制や指示はない。

あくまでも、個人の欲求がエネルギーとなって作動するシステムだ。「自己啓発をしたい」「有名になりたい」という欲求を持つ人々が自然と集まってくる。

そして、コミュニティ内で認められるために自発的に努力するようになり、僕と彼らの間にネットワークが形成される。

このようなネットワーク構築において、重要なポイントになるのは**「自発性」**だ。欲求を満たそうとする個人の努力が、自分をふくめた全員の利益につながるシステムをつくらなくてはならない。

自分が結果を出せば会員の得になり、彼らがうまくいけば自分の得になる、という好循環の構造が必要だ。参加者が自発的にネットワークに参加して楽しく貢献し、それぞれの欲求を叶える間に、自分も利益を得られる。

コミュニティ内での最低限のルールはあるが、「人生はチームプレー」の運営スタッフは会合の進行にはまったく関与しない。個人の欲求に従って、会員が自由に活動できる場所を提供するのが管理者の務めだ。活動に過度に干渉したり、管理しようとしたりしてはいけない。

魅力的なコミュニティ構築のための４つの要素

ネットワークをつくるためにＹｏｕＴｕｂｅチャンネルやインスタグラムを運営するというのは、もはやあまりにもありきたりな活動かもしれない。

それよりも、自分を中心としたコミュニティの中で、より多くの人々が遊び回れるようにしたくはないだろうか？

コミュニティを飛躍的に成長させるには、魅力的であることが重要だ。どんな方法であれ、参加者にメリットをもたらすものでなければならない。

魅力的なコミュニティの特徴は、次の４つに分類できる。

1　新しいインスピレーションとチャンスを提供するコミュニティ

参加者が、インスピレーションとチャンスを得られるコミュニティをつくろう。もっとも重要なのは、参加者同士がコラボできる環境が整っていることだ。

管理者として、メンバー間のコミュニケーションの窓口を用意するのはもちろん、コラボするチャンスがある構造をつくっていこう。

メンバー同士の交流が増えれば増えるほど、コミュニティは成長していく。活気のないコミュニティは、利用者にとって魅力がない。

2　情報がスムーズに共有されるコミュニティ

参加者が、率先して情報を広めたくなるような構造をつくろう。

良質な情報が頻繁に共有され、コミュニティの外まで拡散されていくようになれば言うことなしだ。

メンバーが知識や体験談を共有するようになれば、コミュニティの価値はどんどん高まり、外部の人々を吸収していく。多くの人が自分たちのコミュニティの存在を知って、参加するようになるだろう。その代表的なものが「NAVERカフェ」などのオンラインコミュニティだ。

3 リソースを共有して、助け合うコミュニティ

コミュニティの成長においてもっとも重要な基盤は、**参加者を離脱させないこと**だ。そのために、リアルな体験談や資金不足の解決法といった、有益な情報を参加者同士が共有できる場を用意しよう。

メンバーが助け合って成長していく、「相互扶助システム」を構築するのだ。成功に必要なリソースを簡単に得られ、成長のチャンスを感じられるコミュニティなら、参加者が脱退することはない。

4 同じ目的を持つ人々が集まるコミュニティ

ただ単に人を集めるだけでは、コミュニティが爆発的に成長することはない。同じ目的を持つ人が集まったとき、その社会的なつながりによって「シナジー」が生まれる。参加者同士がアイデアやビジョンを共有し、伝播（でんぱ）しながら経済的・社会的

影響力を高めて成長していけば、コミュニティのレベルも上がっていく。

むやみやたらに人を集めようとするのではなく、志を同じくする人々を集めてコミュニティを構築しよう。

「早く行きたければ、1人で行け。遠くへ行きたければ、みんなで行け」

最近、この有名な格言の正しさをひしひしと感じている。

1人で世界のスーパーヒーローになることはできないが、大勢のスーパーノーマルたちと一緒に遠くまで行くことはできる。しっかり整ったネットワークの中で、それぞれが自分の欲求を叶えようと駆け回っている間に、お互いがお互いにとって新しい可能性を開いてくれることだろう。

僕は今この瞬間も、どんなダメージを受けても倒れることなく、「一緒に歩んでいく」ための方法を考えている。

ヒント3

「異質な要素」を融合しよう

資本主義社会において、生産者は市場を占有するために、涙ぐましい努力を続けている。一夜明けて目を覚ますたびに、ライバルが新しいコンテンツやサービス、製品をリリースしている。

あらゆるものが飽和状態の今、どうすれば自分を差別化できるのか？

僕は**「融合」**にその答えがあると考えている。異質な2つの要素を組み合わせて、新しいものをつくり出す方法だ。

ユーザーの忠誠度が非常に高い、ｉＰｈｏｎｅの始まりを振り返ってみよう。

iPodがはじめて世の中に登場した2002年、アメリカ人は携帯電話と業務用携帯電話のブラックベリー、MP3プレーヤーを別々に持ち歩いていた。

ここに目をつけたスティーブ・ジョブズは、5年後の2007年、すべての機器を1つにまとめた新たな概念の携帯電話を発売するに至る。

これが通話機能、カメラ、GPS、無線インターネットまでを備えたiPhoneの開始だ。

スティーブ・ジョブズが宣言したとおり、iPhoneは世の中を変えた。このように、「組み合わせれば成功する」ことを証明するケースはいくらでもある。

「スティーブ・ジョブズのアップル」だからこそ可能だったことを、どうやって僕たちがやり遂げるのかって？ おっしゃるとおりだ！

僕たちのようなノーマルは、スティーブ・ジョブズのような非凡な頭脳の持ち主でもなく、アップルのような人的・物的リソースも持っていない。

だからといって、現在自分が持っているものを過小評価する必要はない。自分が持っている人的・物的リソースを総動員して、組み合わせてみよう。

このとき、**「まったく合わないように見える複数のもの」**を融合するのがポイントだ。ちなみに、僕はYouTubeというレッドオーシャンで生き残るために、この戦略を活用した。次の2つの例を見比べてほしい。

例1　直球のメッセージを連ねたモチベーションアップ動画

なぜあきらめるのですか？　なぜ失敗を恐れるのですか？
決してあきらめないで、小さな失敗を繰り返していきましょう。そうすれば、必ず成功できます。数多くの挑戦の先には、成功があなたを待っていることでしょう。

例2　数学的にチャンネル登録者を説得する、モチベーションアップ動画

（数学的な話）　みなさん、サイコロを振って6の目が出たら勝つゲームをするとしましょう。1回投げたときに6が出る確率は16・7％だから、一度で成功させるのは簡単ではなさそうですね。
みなさんは、たった1回のサイコロゲームに全財産をかけることはできますか？　きっと手が震えてしまうはずです。

では、こう考えてみてください。サイコロを振る回数を100回に増やすのです。回数を増やせば増やすほど、6が出る確率は100％に近づいていきます。

（本題）成功の秘訣はここにあります。何度も挑戦できるなら、もう失敗は怖くありません。一度にすべてを賭けるのではなく、リソースを分けて、小さなトライを繰り返していきましょう。

例1のように、直球のメッセージや名言を連ねたコンテンツに、新しさは感じられない。雄大なBGMを流し、情熱にあふれた外国人モデルのフリー写真素材を次々に流す動画は、いくらでもある。

僕はすでに飽和状態のコンテンツを複製するのではなく、**例2**のように数学的な思考とモチベーションアップのメッセージを融合して、より説得力のあるコンテンツをつくり出し、狙いどおり好評を得た。

このように、2つのアイデアを組み合わせるだけで差別化は可能だ。僕のデスクの上には、金融工学や数学、科学などの書籍が山積みになっている。幅広いジャンルの本を読めば、たくさんの知的リソースを得られる。

新しいものをつくり出したい?

それなら、組み合わせてみよう。思いもよらない驚くべき成果を得られるはずだ。

エピローグ

どんな選択をしても、あなたは正しい

生まれつきのセレブでもなく、天才でもない平凡な僕たちが、この世の中で成功するという一種の「反乱」を起こすために、ここまで駆け抜けてきた。

スーパーノーマルになるための5段階の法則はもちろん、その先の世界で生き残るための方法も考えた。

もう僕が教えられることはない。

僕にできるのは、あなたを応援することだけだ。

ここから先は、成功しようという熱い気持ちで走り続ける自分を、誰よりも信じてほしい。他の誰かにできたなら、きっとあなたにもやり遂げられる。

あなたの幸せを心から願っている。

どこかで立ち止まったとしても、あなたは正しいし、限界を定めずに自分をいじめ抜くと決めたとしても、あなたは正しい。あなたはいつだってもっと遠くへ、もっと高いところへ行ける、という言葉をぜひともお伝えしたい。

しかし、どんなに固く決心しても、すべてを一瞬にして飲み込むような疑念が生じることだろう。


はたして自分にもできるだろうか？

チュ・オンギュだからできただけじゃないのか？

へたに挑戦して、失敗したらどうしよう？


さまざまな思考が、1日に何十回も浮かび上がっては消えていく。

疑いや不安、心配がつきまとって、あなたを悩ませるだろう。僕もそうだった。正直に告白すれば、今この瞬間もそうだ。
でも、あなたにはできる。

誰もあなたを信じないとしても、
僕はあなたを信じている。
あなたは必ず成し遂げられる人だ。

［著者］

チュ・オンギュ

株式会社ロフトアイランド プロデューサー、作家
1985年生まれ。檀国大学卒業。2011年韓国経済TVに入社、2015年にSBSメディアネットに転職。「一生月給取りではいられない、金持ちになろう」と決心し、会社員をしながら事業を開始。レンタルスタジオをオープンし、失敗を繰り返しながら経営を軌道に乗せる。2016年にSBSメディアネットを退職。その後、成功の方法を見つけてオンラインショッピングモール事業に参入。2018年、財テク・自己啓発YouTubeチャンネル「申師任堂」を開設して180万人の登録者を獲得し、2020年にフォーブスコリア・韓国パワーYouTuber100に選ばれる。2022年、「申師任堂」チャンネルを20億ウォンで売却。YouTubeリサーチサービス「viewtrap」を立ち上げ、現在はYouTubeチャンネル「チュ・オンギュ joo earn gyu」を運営。著書に『KEEP GOING 僕は月1000万ウォンを稼ぐことにした』『人生は実践だ。～とても小さな羽ばたきの始まり』がある。

Instagram
@sinsaimdang.official

YouTubeチャンネル「チュ・オンギュ joo earn gyu」
https://www.youtube.com/@joo_pd

［訳者］

藤田麗子（ふじた・れいこ）

フリーライター&翻訳家。福岡県福岡市生まれ。訳書に『大丈夫じゃないのに大丈夫なふりをした』『こころの葛藤はすべて私の味方だ。「本当の自分」を見つけて癒すフロイトの教え』（ともにダイヤモンド社）、『逆行者　お金 時間 運命から解放される、人生戦略』（CCCメディアハウス）、『マリーゴールド町　心の洗濯屋さん』（扶桑社）、『翻訳に生きて死んで　日本文学翻訳家の波乱万丈ライフ』（平凡社）等がある。

SUPER NORMAL
――凡人が上位１％の「成功者」になる抜け道

2024年７月30日　第１刷発行

著　者――――チュ・オンギュ
翻訳者――――藤田麗子
発行所――――ダイヤモンド社
〒150-8409　東京都渋谷区神宮前6-12-17
https://www.diamond.co.jp/
電話／03･5778･7233（編集）　03･5778･7240（販売）

ブックデザイン――杉山健太郎
イラスト――――大塚砂織
校正――――――鷗来堂
製作進行・図版―ダイヤモンド・グラフィック社
DTP・印刷―――ベクトル印刷
製本―――――ブックアート
編集担当―――林えり

ISBN 978-4-478-12018-7